浦东新书录

（2012.10—2022.12）

上海市浦东新区档案馆 编

上海社会科学院出版社
SHANGHAI ACADEMY OF SOCIAL SCIENCES PRESS

编辑委员会

主 编 武士民
副主编 顾琼华 顾 通
编 者 施 雯 夏晓平 唐丽君 赵肖东

编辑说明

一、本书系2013年上海市浦东新区档案馆编《浦东新书录》(2002.12—2013.2)一书的接续之作，也是2002年版《浦东新书录》的第二次续编，与此前出版的《浦东新书录》形成一个时间上接续、内容上各有侧重和特色的系列，共同构成一套反映浦东开发开放辉煌图景、展现浦东各行各业编研宣传成果的工具书。

二、本书收录时限主要是2012年10月党的十八大召开起至2022年底。在此基础上进行一定的前溯和后延，如对在此节点之前编印、具有特殊史料价值和学术研究价值的作品进行补遗，同时也收录2023年以来、本书出版前最新收集到的一些有代表性的作品。收录范围主要是反映新时代"非凡十年"浦东全面深化改革开放，推进创新驱动发展，奋力打造社会主义现代化建设"引领区"新成就、新跨越的各类图书资料，包括公开出版发行和内部编印两种。收录书目主要是上海市浦东新区档案馆面向全区建档单位和社会各界开展档案征集、学术交流所获得的资源，收录总数为近600本。

三、本书对收录的每本（套）书一般介绍其内容提要、体例结构、编撰特色和编印出版信息（公开出版物包括编著者、出版机构、出版时间、版次、印次、字数、定价等；内部编印图书资料包括编著者、编印机构、编印时间等），同时配以书籍封面图片。部分项目不明者从略。

四、本书按照形式与内容相结合的原则，参考中国图书馆图书分类法，共分为七类，包括综合、经济·贸易、城乡建设、政治·法律·社会、文化·科学·教育·卫生、文学·艺术、历史·地理。每个大类中按照主题内容相对集中排列。

目　录

一、综合

潮涌东方——浦东开发开放 30 年 ··· 3

口述浦东新区改革开放（1978—2018） ··· 3

浦东奇迹 ·· 4

奇迹——浦东早期开发亲历者说（1990—2000） ·· 4

浦东开发开放的历程及其精神品格 ·· 5

像绣花一样精细——城市治理的浦东实践 ··· 5

浦东开发开放 30 年大事记（1990—2020） ·· 6

浦东开发开放三十周年文献资料汇编 ·· 6

浦东开发开放的时代特征研究 ·· 7

浦东开发开放效应与深化：上海探索与实践 ·· 7

浦东开发开放与国家战略推进的关系 ·· 8

初春 ··· 8

口述上海：浦东开发开放 ··· 9

浦东开发开放研究 ··· 9

上海浦东新区新一轮在全国推广的创新举措和经验做法案例汇编 ······················ 10

浦东新区统筹推进疫情防控和经济社会发展"双胜利"攻坚克难

　　案例汇编 ··· 10

2021年上海市浦东新区经济和社会发展报告	11
浦东打造自主创新新高地：现实、愿景及路径	11
长风·云帆——浦东新区能级提升重点区域风采	12
上海市志·浦东开发开放分志	12
浦东开发开放录	13
浦东开发开放研究资料索引（1985—2010）	13
2016年上海市浦东新区统计分析选编	14
上海浦东新区统计年鉴	14
浦东年鉴	15
上海市浦东新区志（1993—2009）	16
上海市南汇区志（2001—2009）	17
浦东新区村级组织	18
塘桥年鉴	18
潍坊新村街道年鉴	19
魅力洋泾：大调研合订本（2018）	19
创新与突破：三林镇经济社会发展分析报告（2011—2012）	20
泥城样本——大调研可以改变什么	20

二、经济·贸易

上海浦东经济发展报告	23
启幕浦东大未来——浦东新区重点产业区域新闻信息集锦	23
浦东崛起与长江流域经济发展	24
中国传奇：从特区到自贸区	24
浦东金融人物访谈录	25
亲历和荣耀——陆家嘴崛起风云录	25
历史的足迹	26
迎潮而立——外高桥30年回忆录	26

中国（上海）自由贸易区航运开发开放和改革创新五周年情况报告 …………… 27

风从东方来　浪自金桥涌——金桥30年经典案例选编 ………………………… 27

科创二十年——"张江高科"1996—2016 …………………………………………… 28

张江十年2003—2013 …………………………………………………………………… 28

三、城乡建设

东岸漫步：黄浦江东岸公共空间贯通开放建设规划 ……………………………… 31

浦东新区路口景观提升 ………………………………………………………………… 32

"十三五"成果展 ………………………………………………………………………… 32

坚持高质量发展　助力引领区建设——浦东城建掠影 ……………………………… 33

浦东新区一镇一品 ……………………………………………………………………… 33

上海市浦东新区建筑节能示范项目汇编 ……………………………………………… 34

情定祖师　营造传承——钱振明先生与浦东鲁班 ………………………………… 34

难忘的浦东城建岁月（1993—2000） ………………………………………………… 35

新时代　新气象　新作为——浦东新区泥城镇宣传报道集萃（2017.1～
2018.3） ………………………………………………………………………………… 35

扮靓浦东风采录 ………………………………………………………………………… 36

浦东国际机场规划故事 ………………………………………………………………… 36

首届进口博览会环境保障攻坚战纪实 ………………………………………………… 37

星星添风采：浦东新区星级河道风貌掠影 …………………………………………… 37

浦东老宅——用拆迁老建筑构件建造的最大建筑群 ……………………………… 38

云影清水湾——浦东新区骨干河道整治成果掠影 ………………………………… 38

梦缘陆家嘴（1990—2015） …………………………………………………………… 39

江南水乡古镇水岸研究——新场古镇 ……………………………………………… 39

新场古镇历史文化名镇的保护与传承 ………………………………………………… 40

2018年度洋泾街道实事工程项目巡礼 ……………………………………………… 40

四、政治·法律·社会

浦东新区党代表任期制工作创新案例汇编 ... 43

多维视野下的浦东新区镇党代会常任制研究 ... 43

热土 阳光——浦东新区阳光驿站十年巡礼 ... 44

浦东红色书信选 ... 44

军魂缘浦东 ... 45

刀尖——浙东劲旅英雄事迹纪略 ... 45

张闻天思想研究 ... 46

"百年回眸"老党员风采录——浦东新区老干部庆祝中国共产党成立100周年 ... 46

廉诚新语——首届"廉洁·诚信"征文优秀作品汇编 ... 47

廉画新声——"农行杯·你我画廉政"全国漫画大赛优秀作品选 ... 47

上海市浦东新区人大工作研究会调研文集 ... 48

上海市浦东新区持续推动立法授权工作调研成果选编（2015—2021） ... 48

同心逐梦三十年——浦东新区政协提案故事集锦 ... 49

张闻天社会主义论稿 ... 49

张闻天早期文集（1919.7—1925.6） ... 50

张闻天与中国外交 ... 50

浦东党史知识读本 ... 51

浦东新区区级机关2013年党建工作优秀案例集 ... 51

2013年浦东新区区级机关党员风采集 ... 51

海上碑林里的红色记忆 ... 52

激荡百年——中国共产党在浦东图史 ... 52

浦东红色革命故事 ... 53

民主革命时期浦东统战史料汇编 ... 53

回顾——上海浦东民盟医卫支部25年 ... 54

党务工作手册·案例篇 …… 54

答卷——陆家嘴金融城楼宇党建实践与探索 …… 55

红润——上钢新村街道那些人和事 …… 55

创造和谐——我最成功的调解案例征文汇编 …… 56

浦东新区审判志 …… 56

上海市浦东新区法制保障工作资料汇编（一）…… 57

浦东新区加快培育发展社会组织专项调研报告汇编 …… 57

浦东律界 …… 58

青少年法治教育漫画绘本丛书 …… 59

浦东基层社会治理丛书 …… 60

社区治理智能化：基于上海浦东新区的实践探索 …… 61

党建引领社会力量参与社区治理：基于上海浦东新区的实践探索 …… 61

浦东新区基层治理示范社区跟踪培育成果汇编 …… 62

融汇——浦东新区社会力量参与社区治理优秀案例汇编 …… 62

浦东新区社会治理创新百佳案例汇编 …… 63

服务型政党与社会管理创新——"三服务"视角下浦东基层党建

创新实证研究 …… 63

浦东新区社区分类治理指导手册 …… 64

让自治成为一种生活方式——充分发挥党组织在基层群众自治中

作用案例选编 …… 65

社会工作督导：选拔、培养、使用、激励——本土化探索的地方性实践 …… 66

创新不止·活力无限——第三届浦东社会建设十大创新项目成果汇编 …… 67

2018年浦东社会治理创新媒体宣传报道汇编 …… 67

社区工作实务手册 …… 68

红色足迹——高行镇党建引领基层治理探索实践 …… 68

治理与提升：三林镇加强和创新社会管理课题调研成果集（2015）…… 69

特战舰队高歌行进——高行镇党建引领社会治理和法治建设实践选编......69

上海浦东市场监管体制改革思考与实践......70

一支部一特色　一所一品牌——浦东市场监管的党建引领基层治理
　　创新探索......70

2015年浦东新区镇管社区调研报告汇编......71

2017浦东新区社会治理创新成果汇编......71

2016年浦东社会治理创新试验基地建设成果汇编......72

2021年浦东新区基层社会治理调研报告汇编......73

浦东慈善公益事业发展报告（2021）......73

浦东社会发展追记......74

上海浦东社会治理发展报告（2018—2022）......74

边缘化郊区到现代化城区——以浦东基层社会治理探索为视角......75

浦东新区社会建设课题调研报告汇编（2012—2013年）......75

"浦东社会治理领域系列课题研究成果"系列书（2017—2018年）......76

五、文化·科学·教育·卫生

浦东红色文化论丛......79

浦东江南文化论丛......79

浦东旧影（1972—1989）......80

浦东历史票证图录......80

跟着档案看上海......81

浦东三林镇历代碑刻传记选辑......81

江南水乡古镇——新场......82

周浦美术馆2016年鉴......83

浦东新区南汇博物馆馆藏书画集......83

浦东绕龙灯......84

三林塘·第三届上海民俗文化节文化论坛文集......84

书香致远正当时——浦东地区图书馆创新实践风采录 ... 85

守正创新——浦东图书馆规划实践重点项目总结报告 ... 85

图林书缘——浦东图书馆同人文集 ... 86

坐在春天里——我与浦东图书馆的专属记忆 ... 86

浦东民谣 ... 87

图说浦东风俗 ... 87

浦东门厅文化 ... 88

浦东家族文化——家祠家谱家训人物著作 ... 88

浦东名观　崇福道院 ... 89

浦东文化遗产：不可移动文物 ... 89

浦东非遗 ... 90

上海绒绣 ... 90

浦东碑刻资料选辑（修订本） ... 91

浦东道教年鉴（2013—2017） ... 91

崇通——书法学术文论集 ... 92

泮水钟英——上海市洋泾中学文史资料选集 ... 92

修德·善学——上海市浦东新区第二中心小学建校130周年 ... 93

桃李芬芳——上海南汇中学90周年校庆纪念 ... 93

傅雷家书全编（1954～1966） ... 94

陆家嘴与上海文化——上海陆氏家族文化研究 ... 94

浦东图书馆年鉴 ... 95

浦东新区档案业务手册 ... 95

浦东新书录（2002.12—2013.2） ... 96

宋庆龄论教育 ... 96

波涛拍岸 ... 97

傅雷家风家教 ... 97

傅雷启思录	98
高桥绝响	98
华文雅藏	99
黄炎培序跋选	99
三林塘时光	100
浦东放歌——浦东新区歌词征集优秀作品选	100
浦东文脉——浦东文艺创作资源概览	100
浦东文化地图——浦东新区文化设施建设集萃	100
浦东新区社区教育丛书	101
川沙新镇社区教育丛书	101
问道	102
创新·发展——塘桥社区文化活动中心2012年年鉴	102
金色梧桐　杏坛风范	103
浦东非物质文化遗产代表性传承人	103
浦东新区成人教育纪实（1990—2010）	104
邱仲英中医集成	104
邱仲英诗文集	105
特色学校创建在浦东的探索	105
学做智慧型校长	106
祝桥哭歌	106
黄炎培教育论著选	107
黄炎培与浦东中学	107
浦东往事	108
这潮那汐——浦东江海文化集	108
"洋泾港"——洋泾航运与中国古船文化	109
浦东傅雷研究	109

上海史志人物风俗丛稿 ·· *110*
浦东传统民居研究 ·· *110*
"医"心向党，奋进有我——浦东新区卫生健康系统"献礼二十大"
　　党建工作成果集 ·· *111*
逆行天使　战疫先锋——浦东新区卫生健康系统"战疫"撷影 ············· *111*
同心抗疫　有你有我——周浦医院抗疫图文集锦 ······························ *112*
仁心仁术——浦东中医故事 ·· *112*
浦东新区卫生科技成果汇编 ·· *113*
媒体看浦东卫生健康 ·· *114*
浦东中医史略 ··· *115*
浦东新区卫生发展报告（2012—2021） ·· *115*

六、文学·艺术

行走浦东——历史人文寻踪散记 ··· *119*
中国民间故事丛书·上海·浦东新区卷 ··· *119*
中国民间故事丛书·上海·南汇卷 ·· *119*
灿途 ··· *120*
心韵 ··· *120*
悠悠浦东情 ·· *121*
辉祥文库 ·· *121*
翰墨颂辉煌——纪念建党九十五周年书画大赛作品集 ······················· *122*
美丽三林塘　逐梦新时代——庆祝新中国成立70周年优秀摄影作品集 ···· *122*
"三林塘·三十年·三十人亲历与见证"摄影艺术展作品集 ··············· *123*
吕摄春秋——吕文明摄影作品集 ··· *123*
瞬间与永恒——黎自立浦东摄影作品集 ·· *124*
浦东新区人大庆祝重大纪念日书画摄影作品集 ·································· *124*
庆祝重大纪念日浦东老干部书画摄影集 ·· *125*

我们的故事——浦东开发开放30周年征文集	125
浦东映像	126
浦东相册	126
浦东之路·精彩故事：摄影大赛获奖作品集	127
在这片热土上：浦东开发开放30年诗选	127
浦东人家：1997—2006十年变迁图志（中英对照）	128
浦东故事（贰）(姊妹兄弟)	128
浦东人家	129
浦东视野：1978—2018茅正元纪实摄影	129
十年风雨路：浦东说书保护传承工作纪实	130
浦东新竹枝词	130
当年我们是黄楼公社"土记者"	131
红色高桥园	131
诗咏高桥园	131
富强和美　大爱高东——高东镇庆祝新中国成立70周年主题摄影赛优秀作品集	132
米字唐镇　醉美生活——摄影大赛获奖作品集	132
拐点——周家渡影像2004—2010	133
记忆周浦	133
科创临港　美丽泥城——摄影大赛获奖作品集	134
在灿烂阳光下——"唐镇杯"散文征文优秀作品选	134
追梦中国　幸福唐镇	135
祝桥当代戏剧曲艺创作集	135
横河闲人拾趣	136
沪上盐乡枕水情——新场古诗词选集	136
创造社丛书及其他	137

汉石经室题跋 ... *137*

李平书文集 ... *138*

张志鹤文选 ... *138*

吴省钦集 ... *139*

周金然集 ... *139*

黄体仁集 ... *140*

傅逊集 ... *140*

朱豹集·石英中集·朱察卿集 ... *141*

叶映榴集 ... *141*

李中梓集·李中立集·李延昰集 ... *142*

陆深全集 ... *143*

乔玠生集·吴洽集 ... *143*

唐祖樾集 ... *144*

陆明扬集 ... *144*

李雯集 ... *145*

长风雅集 ... *145*

南跄韵——沪东人文历史故事集（一） ... *146*

民国版本收藏断想及其他 ... *146*

浦东古诗选刊丛书 ... *147*

浦东历史人物著作选丛书 ... *148*

上海历代竹枝词 ... *149*

上海洋场竹枝词 ... *149*

新场历史文献丛刊 ... *150*

周浦历史文献丛刊 ... *151*

赤子的世界：传承傅雷文化　发扬傅雷精神 ... *152*

黄炎培序跋记文书信选辑 ... *152*

灵珰百札：黄炎培与姚维钧情书家信集	*153*
高山景行：沈敬之先生诞辰120周年纪念集（再版珍藏本）	*153*
造梦·怀梦·逐梦——浦东"最美书香人"风采录	*154*
东岸纪事	*154*
印象川沙	*155*
发现康桥之美——2018主题摄影大赛作品集	*155*
民生纪事——"浦东唐镇杯"散文征文优秀作品选	*156*
意味故事——"浦东唐镇杯"意味故事征文优秀作品选	*156*
世象透视——"浦东唐镇杯"杂文征文优秀作品选	*156*
北窗　南窗	*157*
青菜　白菜	*157*
美轮　美奂	*157*
岁月履影——曹路民间老照片集萃	*158*
滨海留痕　夕阳漾影：王海连摄影作品集	*158*
炎培中国画院作品集	*159*
权庐诗存	*159*

七、历史·地理

烽火浦东——红色革命故事	*163*
抗战堡垒与红色摇篮——亲历者手记与口述实录	*163*
那一年　我们正青春	*164*
南渡浙东第一船——书院镇一家人的真实故事	*164*
浦东英烈（第一辑）第一次、第二次国内革命战争时期	*165*
浦东英烈（第二辑）抗日战争时期	*165*
浦东英烈（第三辑）解放战争时期	*165*
日月新天——上海解放亲历者说	*165*
杨培生画传	*166*

黄炎培撰传选	*166*
三林历史名人录	*167*
三林塘南园储昱传	*167*
浦东简史	*168*
浦东历史上的今天	*169*
往事浦东	*169*
往事浦东②	*169*
浦东进士举人名录	*170*
浦东早期留学人员选录（1872—1949）	*170*
南汇红十字志	*171*
南汇人事志	*171*
南汇工业志	*172*
百年浦东的红色记忆	*172*
史海钩沉　信念永存——浦东新区党史档案集萃	*173*
《申报》中的浦东抗战	*173*
抗战中的浦东史料选编	*174*
图录浦东抗战	*174*
浦东抗日战争史料选编	*175*
淞沪支队战旗飘	*175*
血战大鱼山英雄群体	*176*
不忘初心：父辈那个年代的故事	*176*
李平书档案资料选编	*177*
杜维善口述历史	*177*
上海市浦东新区地名录	*178*
南汇老地名	*178*
三林塘传奇	*179*

高桥新时代	179
古镇高桥	180
合庆风情	180
合庆·百年揽胜	181
鹤沙千秋	181
悦读塘桥	182
康桥情怀	182
看见·横沔老镇	183
周浦小志	183
浦东新区宗教场所导览	184
浦东早期历史探微集	184
泥城史韵	185
李平书传	185
浦东开发开放口述资料选编	186
浦东口述史料（第六辑）	186
浦东口述史料（第七辑）	186
浦东史话三百题	187
浦东史诗	187
浦东史志论稿	188
中国传奇：浦东开发史	188
遥望钟楼	189
上海风俗古迹考	189
申报中的浦东	190
浦东新区村史	191
中共上海市浦东新区历史实录 2011—2016	191
中共上海市浦东新区历史实录 2016—2021	191

川沙名胜	*192*
家在新场	*192*
浦东记忆（图片卷）	*193*
浦东记忆（方言卷）	*193*
浦东记忆（风情卷）	*193*
浦东记忆（书画卷）	*193*
浦东记忆（诗歌卷）	*193*
沪乡记事	*194*
黄宝妹传	*194*
历史上的浦东女性	*195*
五十浦东人的民国版本	*195*
璀璨明珠陆家嘴	*196*
从总书记到外交部长——张闻天	*196*
大团·烽火留痕	*197*
穆藕初自述	*197*
观澜春秋——"走进观澜一百八十年的故事"之纪念刊	*198*
海曲激浪——惠南镇先辈风云集	*198*
江南古陆·史说上海祝桥（古今史话卷）	*199*
江南古陆·史说上海祝桥（民间传说卷）	*199*
江南古陆·史说上海祝桥（民歌民谣卷）	*199*
志光永辉：抗日烈士陈志光纪念册	*199*
浦东党史资料选编（第一辑）	*200*
人心至上	*200*
宋庆龄往事	*201*
宋庆龄往事（续编）	*201*
宋庆龄与廖仲恺、何香凝一家	*202*

宋庆龄图文全传 202

宋庆龄与路易·艾黎 203

宋氏家族 203

宋氏家族与娘家文化论丛 204

宋耀如生平档案文献汇编 204

晚年宋庆龄 205

塘桥·岁月印记 205

校刊史记集解索隐正义札记 206

兄弟行——从浦东到浙东 206

永恒的思念——李中和烈士纪念册 207

张闻天画传 207

走进内史第 208

老港镇志（2002—2019） 208

新生村志 209

邓二村志 209

陈胡村志 210

先进村志 210

祝东村志 211

明星村志 211

红星村志 212

新营村志 212

星光村志 213

红旗村志 213

大沟村志 214

果园村志 214

新和村志 215

森林村志 *215*

新东村志 *216*

高永村志 *216*

卫东村志 *217*

道新村志 *217*

红三村志 *218*

三八村志 *218*

营前村志 *219*

东滨村志 *219*

义泓村志 *220*

亭东村志 *220*

军民村志 *221*

望三村志 *221*

中圩村志 *222*

邓一村志 *222*

邓三村志 *223*

卫民村志 *223*

祝西村志 *224*

薛洪村志 *224*

亭中村志 *225*

星火村志 *225*

东立新村志 *226*

新如村志 *226*

共和村志 *227*

小圩村志 *227*

金星村志 *228*

立新村史	228
沿南村志	229
沔青村志	229
火箭村志	230
勤奋村志	230
杨桥村志	231
穆藕初年谱长编（上、下卷）	231
杜月笙先生年谱（1937年）	232
浦东高桥沈氏族谱资料简编	232
鹤沙王氏家谱续编——上海浦东三林镇乌泥泾庙王氏族谱与家史	233
上海·南汇姚氏族谱	233
上海陈行秦氏支谱	234
书名索引	235
后记	251

浦东新书录
（2012.10—2022.12）

一、综合

潮涌东方
——浦东开发开放 30 年

中共上海市委党史研究室编，黄金平、龚思文著，上海人民出版社 2020 年 4 月第 1 版，定价 128 元。

本书是庆祝浦东开发开放 30 周年的献礼之作，也是上海市哲学社会科学规划办公室资助课题"浦东开发开放历程研究"的成果，反映了浦东承载国家战略使命，勇当改革开放排头兵、先行者，30 年来走过的奋斗征程和取得的辉煌成就。书中围绕浦东开发开放的几个鲜明特征组织稿件，包括高起点规划与高标准开发、"浦东速度"与"浦东高度"、制度创新开先河、转型升级开拓发展空间、打造宜居宜业新城区、自贸试验区开放新标杆等。文章将亲历者回忆与档案史料相互融合，增加了叙事的严肃性与历史的纵深感，强化了本书的存史资政功能。

口述浦东新区改革开放（1978—2018）

中共上海市浦东新区委员会党史办公室编，学林出版社 2019 年 3 月第 1 版，定价 86 元。

本书是中共上海市委党史研究室组织编撰的"上海改革开放 40 年口述系列丛书"之一，成书时，浦东走过了 28 年波澜壮阔的开发开放征程，取得了一系列历史性成就，为社会主义现代化道路的探索贡献了鲜活案例。

本书辑录了 28 位不同时期投身浦东开发开放的党政机关领导同志、各行业领军人物如赵启正、杨昌基、沙麟、胡炜、姜斯宪、舒榕斌、李佳能、林元培等的口述回忆文章，展现了浦东开发开放进程中规划先导、政策护航、城乡建设、功能转型、区划调整、制度创新等重要事件和场景，也记述了自身和身边同志迎难而上、创业奉献的难忘岁月，对留存浦东开发开放史珍贵史料、新征程上弘扬浦东精神具有积极作用。

浦东奇迹

赵启正、邵煜栋著，五洲传播出版社2017年2月第2版，定价49元。

两位作者均为首批参加浦东开发开放的领导，赵启正曾任上海市副市长，浦东新区党工委、管委会第一任书记、主任；邵煜栋曾任中共上海市浦东新区区委常委，浦东新区党工委宣传部、统战部部长。本书从对外开放、设计规划、金融先行、招商引资、科技创新、勤政廉政、人文环境等方面，对浦东开发开放十余年来理念与实践进行系统性提炼与总结，已于2008年7月出版第一版，时间段限在南汇区行政区域划入浦东前。第二版未对初版的文字作改动，但调整补充了此后新拍摄的一些浦东地标、风貌、场景照片，并增加了中共上海市委党史研究室对赵启正同志的访谈录《浦东开发开放的软成果》，与第一版所述的"硬成果"互为补充。

奇迹
——浦东早期开发亲历者说（1990—2000）

中共上海市委党史研究室编，上海人民出版社2020年5月第1版，定价68元。

本书收录1990年至2000年浦东开发早期陆家嘴、金桥、外高桥、张江四个国家级开发区建设的规划者、推动者、参与者和见证者的口述回忆文章，展现了浦东早期开发中的一些重要事件、重要决策过程和鲜为人知的历史细节，再现了那段奋斗拼搏、创造奇迹的激情岁月。在庆祝浦东"而立之年"的重要时刻出版本书，对于讲好浦东开发开放故事，弘扬浦东创新创业精神，引导广大干部群众从成就感、获得感、幸福感中进一步坚定改革信心，投身改革实践，再立改革新功，具有现实而深远的意义。

☐ 浦东开发开放的历程及其精神品格

中共上海市浦东新区委员会党校编，上海交通大学出版社 2021 年 1 月第 1 版，定价 98 元。

为总结浦东开发开放以来的光辉历程和宝贵经验，浦东新区区委党校组织一批相关学科的专家学者，在广泛搜集资料并进行深入研究的基础上形成理论成果，汇编成书。文章分别从浦东开发开放历程、精神品格、行政管理体制改革、经济高质量发展、自贸试验区建设、科创中心核心区时间探索、基层社会治理、生态文明建设、乡村振兴战略、提升文化软实力、党建引领一流发展等方面，对浦东开发开放进行了系统的、全景式的梳理和阐述。本书具有较高的政治站位和理论水平，是专家学者、党员干部等学习研究浦东开发开放历程、精神品格和经验启示的重要参考书。

☐ 像绣花一样精细
——城市治理的浦东实践

陈高宏、吴建南、张录法主编，上海交通大学出版社 2020 年 3 月第 1 版，定价 128 元。本书是"城市治理理论与实践丛书"之一。

2017 年 3 月，习近平总书记提出了"城市管理要像绣花一样精细"的理念，而处于改革开放前沿的浦东正是推进精细化管理、打造超大城市治理样板的先行者。在浦东开发开放 30 周年之际，上海交大中国城市治理研究院开展了浦东城市精细化管理的系统性研究，以案例的形式展示了浦东新区在城市精细化管理方面的新探索。全书包括绪论、党建引领篇、先行先试篇、分类治理篇、攻坚克难篇五个部分，其中绪论部分对浦东开发开放 30 年来在城市治理领域的诸多开创性探索进行了宏观梳理，其余各章通过案例分析与点评提供具体领域的实践经验。

浦东开发开放30年大事记（1990—2020）

中共上海市浦东新区委员会党史办公室、上海市浦东新区地方志办公室编，上海社会科学院出版社2023年3月第1版，定价120元。

本书通过大事记的形式来回眸30年来浦东开发开放所走过的光辉历程，展现了浦东人民从新时期到新世纪，从新起点到新时代，在党的引领下绘就的一幅幅波澜壮阔、气势恢宏的开发开放历史画卷。书前配有"1990年4月18日上海大众汽车有限公司成立五周年大会""1993年1月1日浦东新区党工委、管委会挂牌成立""2020年11月12日在上海举行的浦东开发开放30周年庆祝大会"等41张反映浦东开发开放重要历史时刻的照片。

浦东开发开放三十周年文献资料汇编

上海浦东图书馆、浦东新区区委党史办公室、浦东历史研究中心2020年编印，丛书共5册。

《航运中心建设》分册，以浦东航运为主题，收集整理1990—2019年四大板块82篇文献，航运中心重要纪事若干。

《金融中心建设》分册，以浦东金融为主题，收录六大板块，共计157篇文献。

《经济中心建设》分册，展现了浦东发展的脉络与经济建设成就。收录六大板块，共计104篇文献。

《科创中心建设》分册，回顾、总结和展望浦东科技创新中心建设历程。收录六大板块，共计137篇文献。

《贸易中心建设》分册，综合反映浦东在上海国际贸易中心建设中的战略地位与创新突破。收录六大板块，共计129篇文献。

☐ 浦东开发开放的时代特征研究

沈开艳、周小平等著，上海交通大学出版社 2018 年 12 月第 1 版，定价 86 元。

本书采用理论与实践相结合的方法，以多视角的观察和分析，从战略谋局、改革探索与新时期党建三个方面，阐述了浦东开发开放的新时期特征。参与本书撰写的作者是一批关注浦东、研究浦东开发开放的上海青年科研人员，具有扎实的理论功底和较丰富的社会实践经验，运用其敏锐的观察能力和社会实践能力，充实和丰富了本书的内容。

本书分为战略谋局、改革探索、新时期党建三个部分。

☐ 浦东开发开放效应与深化：上海探索与实践

陈建华等著，上海人民出版社 2019 年 1 月第 1 版，定价 68 元。

本书是对浦东开发开放 28 年来的经验总结和对未来发展的展望，着重从先行先试与国家战略角度对浦东新区发展进行研究，并从新时代浦东新区可以发挥的作用进行分析。作者多年来针对浦东新区发展的专题如浦东新区产业发展与空间发展、上海自贸试验区事中事后监管、金融综合监管以及制度创新系统集成等进行较为详细的研究，相关成果发表在《上海经济发展报告》和《上海浦东经济发展报告》上。这些成果整合成为本书部分章节。

浦东开发开放与国家战略推进的关系

沈开艳等著，上海人民出版社2018年10月第1版，定价58元。

本书是上海哲学社会科学规划"三大系列"研究项目（"改革开放40周年"系列、"建国70周年"系列、"建党100周年"系列）之"改革开放40周年"系列的课题立项成果之一，课题名称是"浦东开发开放与中国国家战略推进的关系研究"。全书着重分析了浦东开发开放模式的内涵，对浦东综合配套改革的核心特征作了梳理，明确了新常态下浦东开发开放的新定位，包括现阶段浦东发展面临的挑战。

本书共分八章：导论；国家战略下浦东开发开放的历史进程；浦东开发开放对中国改革开放战略的贡献；浦东开发开放与中国渐进式改革开放的关系；浦东开发开放与国家战略布局的关系；浦东开发开放与国家战略先行先试的关系；浦东开发开放与上海"五个中心"融合发展；迈向卓越的全球城市核心区。

初春

沈立新著，上海远东出版社2020年12月第1版，定价108元。

本书是对浦东开发的亲历者和见证者的采访合集。这些亲历者和见证者用自己的经历演绎了浦东的开发故事，用自己的人生诠释了浦东的开发历程。

本书作者历时两年余采访了各行各业116人，最后选取三四十人所述之事。采访对象有省部级、厅局级领导，有处科级干部，有专业技术人员，有一线职工，有街道党政负责人和社区、村（居）委干部，有村民和居民，有国有和集体企业的负责人和中层干部，有民营企业负责人及其团队成员等。

□ 口述上海：浦东开发开放

政协上海市委员会文史资料委员会、中共上海市委党史研究室、政协上海市浦东新区委员会编著，上海教育出版社2014年4月第1版，定价98元。

本书分上下册，口述者都是浦东沧桑巨变的见证者，也是浦东建设、改革和发展的亲历者、参与者。他们用淳朴的讲述，将亲历浦东发展历程中的一些重要事件，参与事关浦东改革开放、建设发展的某项重要决策过程以及见证浦东某个行业领域变化发展的重要细节娓娓道来。采访中，他们讲得最多的是"我没做什么"，但谈起自己所负责的工作，则个个神采飞扬，仿佛回到了激情燃烧的岁月，充满了对浦东那片热土和改革开放的一往情深。

□ 浦东开发开放研究

李正图著，上海社会科学院出版社2015年5月第1版，定价49.80元。

本书采用战略性、动态性与系统性思维，全面而深入地研究了浦东开发开放25年的历史演进，重点对浦东四个开发区和开发公司的实践经验进行了实地调研与分析总结，提炼出浦东开发开放模式的独特内涵，并在梳理新时期浦东开发开放遇到的新问题与面临的新挑战的基础上，总结了浦东开发开放及其模式的未来演变趋势。这一研究对国内外其他地区的开发开放具有较好的示范价值。

本书分为六章：导论；浦东开发开放：全方位解析与审视；浦东开发开放：战略重点与开发主体；浦东开发开放：模式借鉴与创新模式；浦东开发开放：开发公司模式创新；浦东开发开放：二次创业与模式调整。

上海浦东新区新一轮在全国推广的创新举措和经验做法案例汇编

中共上海市浦东新区委员会、上海市浦东新区人民政府 2021 年 6 月编印。

为贯彻落实习近平总书记在浦东开发开放 30 周年庆祝大会上的重要讲话精神，充分发挥浦东在全国深化改革扩大开放中的开路先锋、示范引领、突破攻坚作用，国家发改委于 2021 年 3 月印发《关于推广借鉴上海浦东新区有关创新举措和经验做法的通知》，聚焦浦东在党的十九大以来的创新探索，梳理形成 25 项 51 条创新举措和经验做法，向全国各新区推广。本书从改革系统集成、制度型开放、高效能治理三个方面，选录 25 个案例，论述其改革背景、主要做法和成效，并在文末作"经验总结"点评。

浦东新区统筹推进疫情防控和经济社会发展"双胜利"攻坚克难案例汇编

中共上海市浦东新区区委组织部、中共上海市浦东新区区委党校 2020 年编印。

在 2020 年抗击疫情、支援武汉主战场和守护上海东大门这场艰苦卓绝的战役中，浦东新区坚决贯彻市委市政府"三个覆盖""三个一律""三个强化"工作要求，落实"全覆盖、无遗漏、属地化"部署，及时果断、有力有效、统筹推进疫情防控与经济社会发展双胜利。全区各级党组织和党员干部在抗疫一线奋力拼搏，涌现出一大批攻坚克难案例和先进典型。本书收集汇编了精选案例 8 篇、链接报道 38 篇，集中展现全区党组织和党员在凝心聚力、全员参与、流程管理、社会治理、复工复产、服务群众等方面的经验，也为之后加强党员干部精神品格和党性修养教育提供了鲜活教材。

2021年上海市浦东新区经济和社会发展报告

上海市浦东新区发展和改革委员会、上海市浦东新区统计局 2022 年 1 月编印。

2021 年，浦东新区紧抓"十四五"开局年的机遇，全面落实《中共中央、国务院关于支持浦东新区高水平改革开放打造社会主义现代化建设引领区的意见》，围绕常态化疫情防控和经济社会发展，统筹兼顾、稳中求进，经济社会高质量发展取得明显成效。为全面、准确地反映浦东新区 2021 年各项事业发展情况，区发改委、统计局组织各有关部门编写了本书，在回顾一年来工作和成绩的同时，也对 2022 年新区经济社会发展作了展望。全书分综合发展、自贸试验区、科创中心、核心功能和产业、社会发展与治理、城市建设管理和安全保障六个篇章，并在附录中列出一年来新区主要经济指标、社会指标。

浦东打造自主创新新高地：现实、愿景及路径

陈强等著，上海人民出版社 2021 年 12 月第 1 版，定价 48 元。

本书是 2021 年上海市优秀智库报告，由同济大学陈强教授课题组完成。本书从习近平总书记关于自主创新的重要论述出发，剖析自主创新的内涵要义，将浦东发展融入国家战略需求，积极探索浦东打造自主创新新高地的可行方案，争做自主创新发展的新标杆。

建设成为自主创新新高地，既要明晰浦东自主创新的发展水平，知道浦东目前在哪里，还要梳理总结全球创新高地具有怎样的普遍性特征和独特之处，知道浦东未来去哪里，更要探寻浦东建设成为自主创新新高地的可靠途径，知道浦东究竟怎么去。本书基于上述三个层面的探析，从问题导向、目标导向和任务导向路径出发，精准识别区域自主创新能力提升的外部驱动特征和内生动力机制，对推动浦东打造成为自主创新新高地具有重要的现实意义。

☐ **长风·云帆**

——浦东新区能级提升重点区域风采

上海市浦东新区档案局（馆）2015年编印。

本书主要为浦东新区陆家嘴、外高桥、张江、金桥、世博、临港、国际旅游度假区、祝桥这几个重点区域在产业升级、制度创新和扩大开放等方面的照片合集，分为AB两册。

第一部分"陆家嘴"，分为行政、财富、商圈、人文、聚焦五个板块；第二部分"外高桥"，分为港口、保税、自贸、韵味四个板块；第三部分"张江"，分为智聚、智造、智者三个板块；第四部分"金桥"，分为转型、人居、国际三个板块；第五部分"世博"，分为2010、地标、盛会、乐居四个板块；第六部分"临港"，分为决战、滴水、产业、交通、新农、生态六个板块；第七部分"国际旅游度假区"，分为展望、初见、迎客、对接四个板块；第八部分"祝桥"，分为摇篮、亮相、试飞三个板块。

☐ **上海市志·浦东开发开放分志**

上海市地方志编纂委员会编，上海古籍出版社2021年12月第1版，定价398元。

本分志全面、客观、准确地记录浦东开发开放20年的历程，时限为1990年至2010年，根据记述内容上溯或下延，记录范围为《浦东新区总体规划方案》所规定的浦东开发开放范围内，南汇区并入后从略。书中涉及的各类数据均来自《上海浦东新区统计年鉴》和各单位供稿。

全志由概述、大事记、正文、附录和索引组成，概述、大事记列于志首，正文分为决策推进管理、基础设施、陆家嘴金融贸易区、外高桥保税区、金桥出口加工区、张江高科技园区、产业集聚发展、城乡建设管理、社会事业共九个篇目。志前附彩色照片24张。

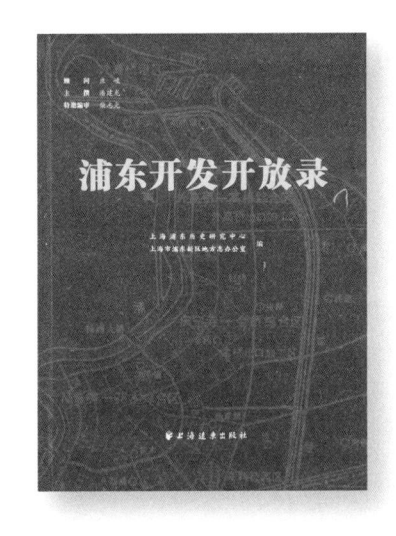

☐ 浦东开发开放录

上海浦东历史研究中心、上海市浦东新区地方志办公室编，上海远东出版社2020年12月第1版，定价598元。

本书以浦东开发开放为主线，以重大事件（事物）为聚焦点，全面真实地记述了浦东开发开放过程中所发生的沧桑巨变。时间以1990年至2010年为主。全书分概貌总述编、开发开放轨迹编、酝酿决策管理编、基础设施工程编、国家开发园区编、产业集聚增长编、城乡一体建设编、社会事业发展编、特载专记补遗编九编。本书取材包括档案、年鉴、方志、报刊资料、个人著述、口述历史。书前附彩色照片18张。另设"特载专记补遗编"，收录再现浦东开发第一年、浦东地理环境特征、浦江码头今昔等重大事件和场景的记述。

☐ 浦东开发开放研究资料索引（1985—2010）

上海市浦东新区党史地方志办公室、上海浦东图书馆编，景亚南主编，上海社会科学院出版社2014年4月第1版，定价158元。

本书是一部供查检浦东开发开放研究资料为目的的专题检索工具书，汇集了国内主要学术期刊、学位论文、会议论文中包含的专门论述浦东开发开放以及开发开放进程中论及浦东各行业领域的研究论文资料题录共计7120条，内容涵盖政治、经济、文化、科学、教育、人文、管理、工程技术等诸多学科，以及社会生活的各个方面，每条记录包含题名、作者、文献来源、年、期、页码等著录项，文献时间范围为1985年至2010年。

☐ 2016 年上海市浦东新区统计分析选编

上海市浦东新区发展和改革委员会（统计局）、国家统计局浦东调查队 2017 年 6 月编印。

2016 年，浦东新区统计各单位、各部门在上海市统计局和国家统计局上海调查总队的指导下，围绕区委区政府的中心工作和经济社会发展的热点，积极开展统计调查研究工作，为政府决策提供了大量信息和资料。全年共发布统计报告 135 篇，其中被《浦东情况》等录用 86 篇；得到浦东新区领导批示 18 篇，共 28 批次，另有近 10 篇文章被市政府办公厅《今日要情》采用；上报市调查总队信息 52 篇，被总队重大信息录用 36 篇。本书是从中选录了部分文章汇编而成。

本书从综合发展、创新转型、产业发展、社会民生、配套环境、区域情况等多个方面，定性定量结合反映发展态势，也有对进一步改进与优化统计方法和制度提出的思考和建议。

☐ 上海浦东新区统计年鉴

本书由上海市浦东新区统计局、国家统计局浦东调查队编纂，中国统计出版社按年度出版，每册定价均为 320 元。

"年鉴"有 2013 至 2022 年 10 册，是集浦东新区各行各业的最新统计资料于一体的大型工具书，全面展示了党的十八大以来浦东全面深化改革开放、推进创新驱动发展，打造"五个中心"核心功能区的新成就，为各界人士了解浦东、研究浦东、参与浦东开发建设提供了案头工具。体例基本上分为综合、人口、招商引资、农业、工业、建筑业、金融业及要素市场、贸易、旅游服务业、科学技术、人民生活、文化教育卫生、法律和社会治安、城市建设和环境保护等篇章。

浦东年鉴

本书是上海市浦东年鉴编辑部按年编纂、连续出版的年刊，为浦东政治、经济、文化、社会等领域信息的总汇，是具有权威性、系统性、科学性的工具书，分年立册，2013年至2021年共9册，国内定价220元，国外定价80美元。

本书按栏目、分目、条目三级结构层次编排，以条目为主要载体。所收录的信息主要为文字（条目）、数据（表格）、图片，各册记录时限为上年度1月1日至12月31日，资料地域范围为浦东新区行政区划内所发生的事务。内容由浦东新区各部、委、办、局，各开发小区，各社会团体、驻地部队、街道、镇及企事业单位供稿，并经各单位领导审定。统计资料均来自浦东新区统计部门。

本书各年卷分类设置大致有特载、大事记、概况、开发区、招商引资、要素市场、国内贸易、对外贸易、旅游、会展、建筑、工业、农业、民营经济、城乡建设、城市管理、交通运输、邮政通信、信息化、公共能源、生态环境、经济管理、中国共产党上海市浦东新区委员会、浦东新区人民代表大会、浦东新区人民政府、中国人民政治协商会议上海市浦东新区委员会、民主党派、社会团体、司法、地方军事科学技术、知识产权、教育、文化艺术、医疗卫生、体育、社会生活、街镇、统计表格、名录、索引等。

□ **上海市浦东新区志（1993—2009）**

上海市浦东新区志编纂委员会编，上海人民出版社2021年10月第1版，定价998元，分上中下三册。

本志是浦东新区成立以来的第一部区志，全面客观记录了17年开发开放的不平凡发展轨迹，翔实记载了浦东开发开放、管理体制演变、四大开发区建设、城市基础设施完善、文化软实力提升等重要发展脉络。

全志共65卷，由总述、大事记、正文、编纂记事录和编审人员名单组成。总述、大事记列于志首；正文上册分为政区、自然环境、人口与计划生育、中共上海市浦东新区工作委员会、中共上海市浦东新区委员会、人民代表大会上海市浦东新区地方组织、上海市浦东新区管理委员会、上海市浦东新区人民政府、政协上海市浦东新区地方组织、纪检监察、人事编制、外事与侨务港澳台事务、民主党派工商联、人民团体、公安、检察、审判、司法、军事民防、规划计划，中册分为财政、税务、审计、统计物价、工商行政管理、质量技术监督管理、国有资产管理、口岸管理、招商引资、国内合作交流与对口支援、对外经济贸易、陆家嘴金融贸易区、金桥出口加工区、外高桥保税区、张江高科技园区、农业、工业、公用事业、建筑业、交通运输业、商业服务业、房地产业、金融、旅游会展，下册分为城市管理、市政建设与管理、水务、市容园林绿化、环境卫生、环境保护、科学技术、社会科学、教育、文化、档案地方志、艺文、医疗卫生、体育、民政、劳动与社会保障、民族宗教、居民生活、精神文明、镇街道、人物。志前附133张彩色照片和浦东新区地图。

上海市南汇区志（2001—2009）

上海市南汇区志编纂委员会、上海市浦东新区地方志办公室编，上海人民出版社2021年11月第1版，定价780元，分上、下两册。

本志全面、客观、科学地记述了2001—2009年上海市南汇区政治、经济和各项社会事业的发展历程，总体上以2001年8月南汇撤县建区为上限，2009年8月南汇撤区划入浦东新区为下限。

全志共38卷，由总述、大事记、正文和专记组成。总述、大事记列于志首；正文上册分为建置地理、人口、城乡基本建设、水利、环境保护、中共上海市南汇区委员会、南汇区人民代表大会、南汇区人民政府、政协上海市南汇区委员会、民主党派工商联、群众团体和社会团体、治安司法、军事民防、民政、人事劳动与社会保障、综合经济管理、财政税务、市场监管、招商引资、经济园区，下册分为工业、建筑业、商贸业服务业旅游业、金融业、房地产业、交通运输业、公用事业、农业、精神文明、科技、教育、文化、卫生、体育、宗教、镇街道农场、方言风俗、人物。志前附彩色照片86张和南汇区地图。

□ 浦东新区村级组织

本书编委会编著，上海科学技术文献出版社2016年4月第1版，定价60.80元。

浦东新区2014年有371个行政村，其中有几十个村正在动迁的进程中，未来两年内将撤销行政编制。本书编写的浦东新区行政村概况，共收录了337个当时机制比较完整的村级组织材料。

本书的编写目的是在推进美丽乡村建设的过程中，有效开展村民素质教育，挖掘本土教育资源，同时抢救更多即将消失的村庄的历史文化遗产。本书还为学者和有关领导研究浦东新区村级组织的现状和"三农"问题，提供相关参考。

□ 塘桥年鉴

塘桥街道年鉴编辑委员会编印，有2020、2021两册。

这是一本多角度、全方面记载塘桥街道各年社区工作情况和发展轨迹的工具书，总结了街道历年的重要活动、重大事件、媒体报道等内容，图文并茂，是一部街道开展工作和社会了解塘桥的优秀工具书。2020年分册包含14章，主要包括工作报告、大事记、辖区概貌、机构设置、党的建设、年度重大专项工作（如"四史"学习教育、疫情防控、文明城区创建）、公共管理、居民区风采、媒体报道等。2021分册新增了"经济发展"章节，记载了街道领导联系走访企业、开展企业服务进园区系列活动等情况。

☐ **潍坊新村街道年鉴**

1998年创刊,按年立册,2012年至2021年共编印10册。

本书以翔实的资料、朴实的文风,真实、系统、全面地记录了潍坊新村街道各个年度历史发展和各项工作成就,展现了党的十八大以来街道党工委、办事处团结带领辖区人民赢得改革发展新突破,推动从严治党纵深发展,探索基层治理新路径,谱写美好生活新篇章的奋斗图景。体例一般分为总结篇、报告篇、调研篇、经验篇、思考篇、制度篇、报道篇等,每个年度根据工作重点和特色略有差异,其中内容均来自街道日常工作的积累和基层社区的创新实践案例。正文前附有大量工作场景图片,书末附有大事记、本年度实事项目、街道居委主要干部名单等。

☐ **魅力洋泾:大调研合订本(2018)**

上海浦东新区洋泾街道社区综合事务办公室2018年12月编印。

2018年以来,洋泾街道扎实开展"不忘初心、牢记使命,勇当新时代排头兵、先行者"大调研活动,采用体验式调研、蹲点式调研、联合式调研、项目式调研等多种方式,掌握社情民意、解决瓶颈问题,形成了一批对推动洋泾高质量发展具有长远指导意义的制度和经验。本合订本汇集"魅力洋泾"微信公众号大调研专栏所刊发的76篇报道,全面展示了洋泾大调研工作的工作机制、经典案例和生动场景。

一、综合　19

□ **创新与突破：三林镇经济社会发展分析报告（2011—2012）**

朱眉华、储明昌主编，华东理工大学出版社2013年9月第1版，定价48元。

三林镇在2011—2012年间，精心规划实施"世博后"持续发展，最大限度利用好举办世博会的宝贵资源，坚持科学发展，走创新驱动、转型发展之路，在经济、政治、文化、社会、生态文明建设以及党的建设各方面取得了喜人成绩和宝贵经验，经华东理工大学专家学者和三林镇基层干部共同提炼编撰成书。本书的出版不仅展示了一个快速城市化进程中基层社会发展和变迁的典型案例，而且为提高全区基层治理水平、全面实现建成小康社会奋斗目标提供了经验借鉴。

□ **泥城样本**
——大调研可以改变什么

上海市浦东新区泥城镇党委、泥城镇人民政府2019年7月编印。

本书汇集了2019年以来泥城镇开展"不忘初心、牢记使命，勇当新时代排头兵、先行者"大调研的部分成果和工作思考，记录了在这片红色热土、活力之城上发生的令人惊喜的变化和故事，讲述了党员干部通过深入调研解决特色农业发展、动迁户安置、优化营商环境、"家门口服务体系"建设等群众重点关注问题的过程和成效。书中翔实的数据资料、严密的分析论证、新颖的视野观点，使其不仅成为一份泥城发展的珍贵记忆，而且成为一本浦东基层组织开展"大调研"、深化区域化党建、提高治理水平和民生福祉的优秀样本。

二、经济·贸易

上海浦东经济发展报告

《上海浦东经济发展报告》按年立册，是对浦东年度经济发展情况进行全面调研、分析和评估并提出展望预判的资政书籍，社会科学文献出版社于每年年初出版。2013版分册左学金、陆沪根主编，定价59元；2014版分册由沈开艳、陆沪根主编，定价59元；2015版分册由沈开艳、陆沪根主编，定价69元；2016版分册由沈开艳、周奇主编，定价69元；2017版分册由沈开艳、周奇主编，定价79元；2018版分册由周小平、徐美芳主编，定价89元；2019版分册由周小平、徐美芳主编，定价128元；2020版分册由高国忠、雷新军主编，定价128元；2021版分册由高国忠、雷新军主编，定价128元；2022版分册由高国忠、雷新军主编，定价128元。

该系列蓝皮书每册均由总报告和若干专题内容组成，并加入典型实证案例，每年确定一个课题研究主题。2013年以来，围绕浦东改革发展目标的调整和区域功能的提升，先后涉及的研究主题有："核心功能与改革创新示范""改革新亮点，布局新拓展""自贸试验区溢出效应与制度创新""双自联动和改革创新""深化双自联动和政府职能转变"等。

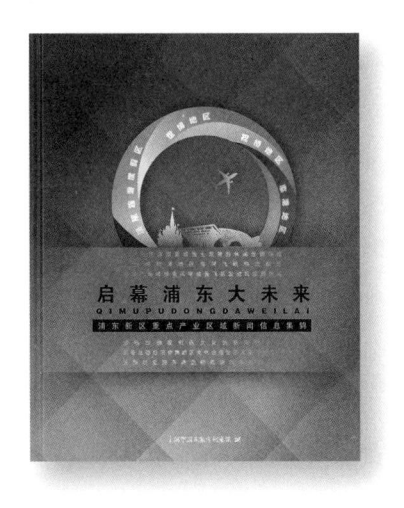

启幕浦东大未来

——浦东新区重点产业区域新闻信息集锦

上海市浦东新区档案馆2013年5月编印。

本书系统梳理了从中央、部委、上海市到浦东新区本埠的报章媒体2011年1月至2013年2月间对三个新扩展区（临港、世博前滩和国际旅游度假区）及祝桥地区的新闻报道，从中选取142篇集结推出。全书分为五个部分，第一部分"综合"，收录了对上述重点地区所作的全局性新闻报道，后四部分逐一展现每个地区的重点新闻信息。

浦东崛起与长江流域经济发展

姚锡棠著，上海人民出版社2019年5月第1版，定价98元。

本书是"浦东崛起与长江流域经济发展"重点课题的成果汇编。全书从理论与实践结合上研究浦东开发开放及其辐射作用，从浦东和长江流域迅速发展的实际出发，从整个长江流域、全国以至全球角度来研究浦东的崛起及其对中国改革开放的深远影响。

本书分两篇：第一篇主要分析浦东的崛起及其动因；第二篇着重研究浦东发展模式及其对长江流域的辐射作用。

中国传奇：从特区到自贸区

谢国平著，上海人民出版社2019年3月第1版，定价78元。

作者系《浦东时报》原副主编、《浦东开发》杂志原主编，本书是继《中国传奇：浦东开发史》之后"中国传奇"系列图书的第二部。

本书是以纪实文学形式深度解读中国特区的读本，真实记录中国改革开放先行者们"摸着石头过河"，一步一步地在特定区域内推动制度创新的故事，诠释了造就从特区到自贸区崛起的"神奇力量"。

本书特色有三：一是以新闻体讲述鲜活、真实的故事和人物；二是描述了一批改革者的传奇和命运；三是站在大历史的角度，追踪从中国南部边陲到东南沿海的突破性的历史事件。

浦东金融人物访谈录

上海市浦东新区金融工作局编,学林出版社、上海人民出版社 2019 年 4 月第 1 版,定价 128 元。

在庆祝改革开放 40 周年和浦东开发开放 28 周年之际,为真实记录并生动反映浦东金融业的发展历程和辉煌成果,传递浦东金融的创新理念和全球化价值观,而组织编撰了本书。本书收录了在浦东工作生活过的一批金融领军人物的深度访谈,展现了他们筚路蓝缕的创业历程、先行先试的改革魄力、引领时代的创新精神,是第一本聚焦浦东金融人物成长和浦东金融业发展的公开出版物。对于浦东金融业坚定不移"吃改革饭、走开放路、打创新牌",不断开创上海国际金融中心建设新局面具有较强的借鉴意义。

亲历和荣耀
——陆家嘴崛起风云录

赵抗卫等编,上海文艺出版社 2021 年 8 月第 1 版,定价 128 元。

本书是一批最初参加陆家嘴金融贸易区建设的"老开发"亲历的故事,讲述了在中国共产党领导下、在浦东开发开放旗帜引领下,陆家嘴从"烂泥渡"到"垂直金融街"的惊世巨变,展现了陆家嘴建设者们勇立潮头、锐意创新的精神风貌。全书共分六个篇章,讲述了陆家嘴建设过程中的规划设计、动迁安置、招商引资、开发公司企业文化、陆家嘴建设前十年创下的各种"第一"等方面的内容,展现了陆家嘴这张闪亮的"浦东名片"背后蕴含的浦东开发开放乃至中国特色社会主义发展的磅礴能量。

☐ 历史的足迹

上海外高桥保税区联合发展有限公司工会、上海外高桥保税区三联发展有限公司工会 2014 年 12 月编印。

本书在中国（上海）自由贸易试验区成立一周年之际推出，是对公司与外高桥保税区 25 年奋斗历程的回顾总结。全书百余篇文章及其精彩配图，涵盖了创业往事、工程建设、招商引资、企业管理、配套设施、子公司风采等多个方面，展现了外高桥保税区在浦东开发开放大潮中创新奋进、勇当先锋的峥嵘岁月和骄人成就，激励这片热土上的人们为上海自贸区的辉煌前程而努力奋斗。

☐ 迎潮而立
——外高桥 30 年回忆录

《迎潮而立》编委会编著，上海三联书店 2020 年 9 月第 1 版，定价 48 元。

与浦东开发开放同行的外高桥集团股份有限公司，在 2020 年迎来了成立 30 周年。本书编委会发起"我和外高桥的故事"征文活动，精选其中 131 篇佳作汇编成书。这些作品分为创业先锋、先行先试、金牌店小二、使命传承、从业感悟五个主题，展现了 30 年来外高桥筚路蓝缕的创业历程、改天换地的历史巨变，讴歌了外高桥保税区在浦东开发开放中、在自贸区背景下勇当先锋、创造无数"第一"的辉煌成就，也弘扬了外高桥充满活力、勇毅笃行的企业精神。

中国（上海）自由贸易区航运开发开放和改革创新五周年情况报告

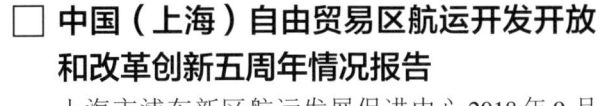

上海市浦东新区航运发展促进中心2018年9月编印。

2018年是浦东开发开放25周年，也是上海自贸区建立5周年，浦东航运事业和自贸区围绕建设上海"五个中心"核心功能区的战略部署，融入开放型现代市场经济大格局，锐意改革，先行先试，激流勇进，取得了举世瞩目的成就。为回顾自贸区5年奋进征程，献礼首届中国国际进口博览会，浦东新区航运发展促进中心组织编撰了本书。全书以丰富的案例、翔实的数据，展现了上海自贸区五年来围绕制度创新核心目标，积极推进政府职能转变，优化营商环境，发展现代航运服务等方面的成果，对自贸区未来发展进行了科学分析和热情展望。

风从东方来　浪自金桥涌
——金桥30年经典案例选编

上海金桥（集团）有限公司、中欧国际工商学院2020年编印。

在金桥开发区成立30周年之际，金桥也逐步从一个单一的工业园区成为产城融合的宜商宜业宜居之城，本书从金桥诸多企业中遴选了较具代表性的23个案例。从特斯拉落地金桥并在12天内建成中国首座超级充电站的"金桥速度"，到沃尔沃建筑设备投资公司成为全国首家试点"一带一路"离岸贸易境内结算的非保税区企业并升级为亚洲总部，金桥开发区正以蓬勃的生命力吸引一批批重大投资者来这片热土发展并结出硕果。

全书分为"加强顶层设计，完善产业生态""引领制度创新，推动产业发展""优化软硬环境，提升服务效能""提高服务质量，助力企业转型"四个章节。

☐ 科创二十年
——"张江高科"1996—2016

葛培健主编，复旦大学出版社2016年4月第1版，定价45元。

本书用报告文学的方式展现了张江高科20年创新路，记录了张江高科从无到有、从小到大、从大到强的足迹，记录了张江高科20年来参与张江高科技园区创新创业、快速发展的点滴，记录了张江高科从单一的产业地产开发商向高科技产业协同发展、投资、服务商角色转型的过程。

全书共收录了14篇文章，并附有"张江高科"大事记和"张江高科"历任领导人员名录。

☐ 张江十年 2003—2013

《张江十年 1992—2002》一书的接续，张江集团出品，蓝狮子编著。

本书中的"张江"主要指张江高科技园区及之后升级的张江高科技核心园。张江高科技园区于1992年7月开园，1999年上海市委市政府实施"聚焦张江"战略20多年来，它快速发展。

本书分"创业：清晨叫醒我的不是闹钟，是梦想""创新：我心中的珠穆朗玛""服务：一路陪伴，成就未来""文化：我和张江有个约会""未来：离硅谷有多远"五个部分，通过亲历者的讲述，着力展现张江高科技园区内的优秀企业、创新创业者、各级管理者和企业员工艰苦奋斗的精彩故事，以及开拓创新的精神风貌。书末附有上海市张江高科技园区大事记、张江集团历任领导、张江之歌、企业名称和人物索引。

三、城乡建设

☐ 东岸漫步：黄浦江东岸公共空间贯通开放建设规划

上海市黄浦江两岸综合开发浦东新区领导小组办公室、上海市城市规划设计研究院、上海东岸投资（集团）有限公司主编，同济大学出版社 2017 年 10 月第 1 版，定价 280 元。

根据上海市城市总体规划和市委市政府部署，2000 年启动黄浦江两岸综合开发，经过十余年努力，浦江两岸地区功能、环境得到显著改善和提升。2015 年起，黄浦江两岸公共空间建设三年行动计划发布，浦东率先启动东岸公共空间贯通开放工程。至 2016 年底，浦东新区黄浦江沿岸单元（杨浦大桥至徐浦大桥）控详规划局部调整（即浦东新区黄浦江滨江开放贯通规划）编制完成，并通过市政府审批，成为全市率先完成的一张贯通蓝图。

本书围绕"活力、人文、自然"这一核心理念，以大量精美的规划图、效果图、实景图配以文字阐述，展现了东岸规划的历史渊源、主要思路和效果展望，深刻解读了东岸规划所蕴含的人文内涵，为上海建设国际化、特色化、多元化的世界级滨水开放空间提供了一个极具创新引领意义的样本。

浦东新区路口景观提升

上海浦东新区环境保护和市容卫生管理局、浦东新区绿化管理事务中心 2018 年 11 月编印。

为迎接中国国际进口博览会召开，区环保市容局开展了一系列路口景观提升工程，构建小巧精致、景色宜人的路口街角空间，并连点、成线、成网，不仅为城市道路景观增添了一抹亮色，更为广大市民提供了休闲游憩的好去处。本图册以高质量的彩图和精炼的文字说明，全面反映了浦东路口景观提升工程的生动图景和喜人成效。

"十三五"成果展

上海市浦东新区生态环境局 2020 年编印。

"十三五"期间，浦东新区生态环境局坚持以习近平生态文明思想为引领，牢牢把握生态优先、绿色发展的战略定力，打好蓝天、碧水、净土三大保卫战，生态环境关键指标全面超额完成，林绿水空间错落有致、更加怡人，低碳生活新时尚深入人心，环境基础设施承载更强，人民群众的生态满意度、绿色获得感明显提升。本图册以大量的环境和工作实景图片为素材，从生态环境、绿化林业、水务海洋、市容、环卫等方面，展现了"十三五"浦东新区生态环境建设的丰硕成果，为"十四五"继往开来，绘就"天更蓝、水更清、地更绿、景更美"的美好浦东提供借鉴。

☐ 坚持高质量发展　助力引领区建设

——浦东城建掠影

上海浦东新区重大工程建设指挥部办公室2022年12月编印。

2022年是浦东经济社会发展"十四五"规划落实推进的关键之年。浦东新区重大办认真践行人民城市重要理念，全面落实统筹疫情防控和经济社会发展的要求，奋力推进重大工程、民心工程和实事项目建设，掀起"引领区"背景下浦东城市建设的新高潮。本图册汇集了全区全年38项最具代表性的重大工程项目建设的实景、效果图片，配以全年重大项目列表、数据等文字介绍，直观地呈现了浦东公共设施和城市功能提升的新成果。

☐ 浦东新区一镇一品

本书编委会编著，上海科学技术文献出版社2015年12月第1版，定价39.80元。

"一镇一品"即每个镇有代表性的特色产业、文化遗产、文旅活动或基层治理方面的品牌项目，是新时代以来浦东新区推进乡村振兴、建设"美丽家园"的丰硕成果。本书汇编了浦东新区24个镇各具特色的"一镇一品"优秀案例，其中既包括"浦东说书""金桥书画""高桥松饼"等耳熟能详的老字号，又有惠南有机草莓、唐镇"台球之乡"、合庆"1＋1＋X"村民自治工作法等新名片。文章以流畅优美的语言，讲述品牌创立与发展的故事，剖析品牌内涵，展现品牌背后洋溢在浦东大地上的民间智慧和创新精神。

三、城乡建设

☐ 上海市浦东新区建筑节能示范项目汇编

上海市浦东新区建设工程安全质量监督站、上海市浦东新区建筑节能办公室、中国建筑科学研究院上海分院编，同济大学出版社 2015 年 12 月第 1 版，定价 22 元。

浦东新区作为国家综合配套改革试点区域，围绕生态城区建设的总体目标，以建筑节能和绿色建筑为突破口，在全市各区率先组织开展了区级建筑节能示范工程创建工作，通过示范引导、以点带面，使建筑节能得到长足发展。本书是对 2004—2008 年期间浦东新区建筑节能示范项目和绿色建筑标识项目的阶段性总结，内容包括建筑节能项目基本情况介绍，新建、既有改造、可再生能源、绿色建筑标识等四大类建筑节能示范项目简介及优秀典型案例分析等，对加强建筑节能示范技术的宣传推广具有积极作用。

☐ 情定祖师　营造传承
——钱振明先生与浦东鲁班

上海浦东新区文史学会、上海界龙建设工程有限公司、上海浦东川沙建筑工程有限公司、上海浦东新区鲁班基金会编。

在上海近代化进程中，浦东营造业秉承祖师鲁班精神，精进技艺，在沪上留下了众多传世的优秀建筑。发展壮大后的浦东营造团队筹建了鲁班殿，一批赴港发展的营造人塑造了鲁班金身，以志纪念和传承。1992 年，在新一代浦东营造业大师钱振明等人的努力下，鲁班殿在浦东重修，鲁班金身由香港回归浦东，成立了"浦东新区龙王庙鲁班基金"，经常性举办纪念、交流活动。本书以彩图形式展现了钱振明和同行们勉力弘扬鲁班精神、光大浦东营造文化的感人故事。

□ 难忘的浦东城建岁月（1993—2000）

本书编委会编，上海社会科学院出版社 2023 年 4 月第 1 版，定价 98 元。

本书是一本行业志类读物，记录了自 1993 年 1 月浦东新区管委会成立至 2000 年 8 月浦东新区建政期间，浦东新区如火如荼的城市开发、建设和管理中一些较为重要的史实。内容涉及上海市浦东新区原城市建设局管理的市政、建筑、交通、环保、环卫、绿化、河道、市容景观、公用事业、民防救灾等诸多领域及其党建、人才培养等。本书是老城建人的集体创作，先后有 150 余名亲历者参与撰写、提供资料或接受采访。

全书由序、正文、附录和后记组成。正文共收录 46 篇文章。附录包括 1993.1—2000.8 浦东新区城市建设大事记、重大工程名录、浦东新区城建局组织架构及历史沿革等。

□ 新时代　新气象　新作为
——浦东新区泥城镇宣传报道集萃（2017.1～2018.3）

中共上海浦东新区泥城镇委员会、泥城镇人民政府 2019 年 7 月编印。

2017 年以来，泥城镇在党的十九大精神指引下，适应经济社会发展新常态，开拓进取，攻坚克难，围绕推进环境综合整治、经济指标稳中有进、保障和改善民生、创新社会治理、推动全面从严治党纵深发展等方面，着力推动镇域治理上新台阶，使得人民群众获得感、幸福感明显提升。为展示一年来泥城镇各项事业发展成就，镇党委、政府汇编了市、区各大媒体及泥城本地媒体的新闻报道，反映了崛起中的活力新泥城风采，也是一部对泥城开发建设第十五年的献礼之作。

☐ 扮靓浦东风采录

上海浦东新区环境保护和市容卫生管理局、上海浦东新区水务局 2019 年 3 月编印。

环境卫生是一个城市的"脸面",环卫工作者是名副其实的城市"美容师"。长期以来,他(她)们以"宁愿一人脏,换来万家净"的行业坚守,冬顶严寒、夏冒酷暑、起早贪黑、默默无闻,用双手扮靓城市,用汗水创造美丽,肩负着全区市政道路、河道的清扫和保洁、生活垃圾处置,以及各类养护设施运维保障等工作,在岗位上作出了不平凡的业绩,他(她)们是平凡岗位上的不平凡的英雄。

本宣传册记录了浦东 9 个保洁公司共 87 名环卫工作者的日常工作,主要是弘扬环卫行业的职业精神,展现环卫战线的队伍风采,展示平凡的他(她)们"特别能吃苦、特别能战斗、特别能奉献"的工作状态,营造关爱环卫工作者的社会氛围。

☐ 浦东国际机场规划故事

刘武君著,上海科学技术出版社 2019 年 6 月第 1 版,定价 98 元。

经过 20 年的奋斗,第一代浦东国际机场人把昔日的芦苇滩变成了今日世界排名前十的国际机场。

本书以 66 个故事 10 个章节,展现浦东国际机场 20 年发展史上的生动故事,包括总体规划的变迁,机场选址与环境治理,战略规划与运输组织,融资模式与运营管理,土地利用与功能布局,生产运营设施的规划,陆侧综合交通系统,航空城规划,节能减排、可持续发展等部分。

□ 首届进口博览会环境保障攻坚战纪实

上海浦东新区环境保护和市容卫生管理局、浦东新区税务局 2018 年 12 月编印。

2018 年 11 月 5 日至 10 日，首届中国国际进口博览会在上海成功举办。为贯彻落实习近平总书记关于"努力办成国际一流博览会"的重要指示精神，区环保市容局坚持"中心下移、靠前指挥、挂图作战、销项管理"的工作机制，统筹各方资源和力量，圆满完成主干道灯光改造、中小河道岸上污染源治理、路口景观提升、东岸滨江品质提升等重大任务，打赢了这场时间紧迫、任务艰巨的环境保障攻坚战。本宣传册汇编了国内主流媒体、政务新媒体等关于此项工作的报道共 139 篇，全景式展现了浦东环保领域在首届进博会中的贡献，为实践和探索"一流城市一流治理"积累经验。

□ 星星添风采：浦东新区星级河道风貌掠影

上海市浦东新区河道管理事务中心 2018 年 3 月编印。

为提高全区河道管理水平，充分发挥河道综合效益，上海市水务行业在打造"水清、岸绿、河畅、景美、生态"河道水环境治理目标过程中，开展"星级河道创建"这一亮点工程。自 2011 年始，浦东按照全市统一部署，并结合实际积极开展星级河道创评，以点带面，统筹推进，大力改善水环境面貌，为浦东河道治理添上了浓墨重彩的一笔。截至 2017 年，浦东已成功创建了 99 条段累计 186.27 公里的一、二、三星级河道。本画册可为河道管理工作的可持续发展提供经验借鉴。

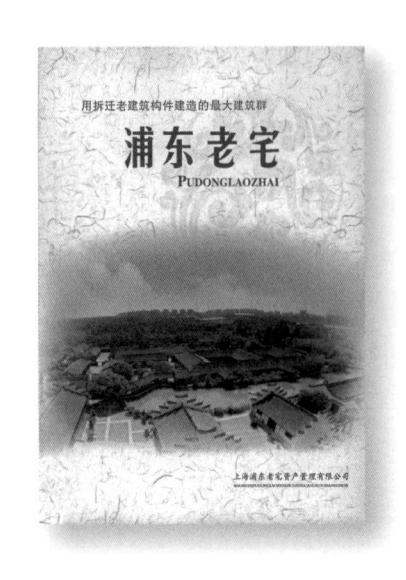

☐ 浦东老宅
——用拆迁老建筑构件建造的最大建筑群

上海浦东老宅资产管理有限公司编著。

浦东老宅位于浦东新区康桥镇沿北村901号，是一座三进大宅，保存有明朝古井、乾隆石桥等古迹，已建成民俗展示馆，真实还原了清末民初浦东农村各个阶层的生活起居，被上海大世界吉尼斯命名为"用拆迁老建筑构件建造的最大建筑群"。20世纪90年代，在浦东开发大拆迁中，浦东老干部王炎根花费14年心血，带领绿化公司员工还原翻建了占地24 300平方米、建有房屋204间的浦东老宅。

本画册是诗配画形式，采用浦东方言，文风通俗生动，充满了浦东人的幽默和智慧；照片取景独到，拍摄精湛，留存了珍贵的老宅记忆。

☐ 云影清水湾
——浦东新区骨干河道整治成果掠影

上海市浦东新区河道管理事务中心2019年11月编印。

河道人的初心使命是坚持生态惠民、生态利民、生态为民的宗旨，持续改善河道生态环境，不断满足人民日益增长的河道生态环境需要，共建美丽家园。2018年，浦东新区梳理了与全区河道水质情况密切相关的47条骨干河道，将其列入新一轮的城乡中小河道综合整治工程。经过一年多的努力，整治工作取得良好成效，2个国考水质断面和37个市考水质断面已全部达标。

本画册选取了47个骨干河道的部分整治成果集结而成。

梦缘陆家嘴（1990—2015）

上海陆家嘴（集团）有限公司、上海市规划和国土资源管理局编著，中国建筑工业出版社 2015 年 12 月第 1 版。

本书是一部记录陆家嘴金融贸易区 25 年规划建设历程的丛书，归入"上海陆家嘴金融贸易区规划和建设丛书"，全套 5 册。第一分册《总体规划》，定价 130 元；第二分册《重点区域规划和专项规划》，定价 152 元；第三分册《开发实践》，定价 176 元；第四分册《功能实现》，定价 160 元；第五分册《建设成果》，定价 178 元。

秉承"开发者写开发，建设者写建设"的宗旨，数十位不同时期加入陆家嘴金融贸易区规划和开发建设的亲历者参与了编辑工作，耗时两年编著完成。他们运用大量珍贵的历史档案和图片资料，图文并茂，生动展示了陆家嘴从单一功能到复合功能、从开发园区到活力城市、从一片阡陌农田到"中国改革开放的窗口"和"上海现代化建设缩影"的深刻变化。

江南水乡古镇水岸研究
——新场古镇

薛鸣华、王林著，中国建筑工业出版社 2019 年 3 月第 1 版，定价 128 元。

本书依据作者对江南水乡驳船系统文化景观长达三年以上的学术研究而形成的硕士论文成果，以江南水乡水岸文化景观为核心分析研究角度，提出"水岸是古镇水乡风貌第一界面"的观点，运用实践于浦东新场古镇保护更新规划与设计的过程基础上，形成新场古镇水岸传统风貌典型特征的吻合性与客观存在性的论证成果，是近年来对江南水乡古镇的水岸进行文化景观结构性初探的一本新秀作品。其中提出的一系列保护和发展设想与规划，也具有先导意义。

新场古镇历史文化名镇的保护与传承

阮仪三、袁菲、葛亮著，中国出版集团东方出版中心 2014 年 9 月第 1 版，定价 55 元。

新场古镇作为上海地区少有的滨海江南水乡古镇，具有浓厚的浦东原生态文化特色，也是上海目前唯一参与江南水乡古镇联合申遗的一个古镇。古镇保护工作自 2003 年正式提上日程，以保持原真性为根本原则，经过十年的探索实践，形成了一定的可复制推广的经验做法，经建筑、文博等领域专家提炼成书。

本书着重表述了新场古镇保护规划、保护技术层面的内容，也展现了历年来古镇风貌保护和整治的成效，分为"新场揽胜""保护传承""古镇今貌"三大篇章，将专业的内容以贴近大众的方式加以诠释。

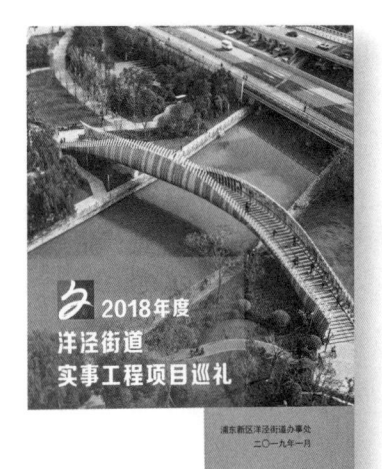

2018 年度洋泾街道实事工程项目巡礼

上海浦东新区洋泾街道办事处 2019 年 1 月编印。

2018 年，洋泾街道持续聚焦社区治理难点和民生需求，通过设施更新及绿化环境升级重点打造缤纷社区系列项目，以 75 个优质的实事项目服务居民，提升社区舒适度和宜居性，增强居民的幸福感和获得感。本图册展示了洋泾开展"缤纷社区"建设、垃圾箱房改造、美丽家园试点、基础设施改造、文体设施建设、"智慧社区"建设等十大优秀实事项目案例，也从一个侧面反映了浦东近年来基层软硬件环境的优化和治理水平的提升。

#　四、政治·法律·社会

浦东新区党代表任期制工作创新案例汇编

中共上海市浦东新区委员会组织部 2013 年 11 月编印。

自 2006 年起，浦东在党代表制度建设中发挥先行先试作用，开展区党代表任期制工作。全区各代表团组围绕中心、服务大局、立足实际，结合团组活动、联系接待、建议提案、调查研究、履职述职等工作内容，在党代表任期制工作的理念、机制、载体、方法等方面进行了诸多卓有成效的探索实践。本书汇编了各街镇区党代表团组的创新实践案例 37 篇，以期助力党的十八大精神贯彻落实，进一步推动浦东党代表任期制工作的理论提升和实践创新。

多维视野下的浦东新区镇党代会常任制研究

顾丽梅等著，上海人民出版社 2014 年 12 月第 1 版，定价 45 元。

党代会常任制是发展党内民主、增进党内和谐的重要途径和突破口。作为上海市首批常任制工作试点和全面推广与实施单位，浦东新区自新世纪以来，积极推进镇党代会常任制建设。本书围绕"浦东新区镇党代会常任制为何以及如何推动党的建设和治理创新"这一核心问题，从发展变迁、价值追求、基层探索、社会角色等多维视野，探讨和规范镇党代会制度，进一步整合资源和力量，对于提升党的治理创新能力具有重要的理论价值和现实意义。

□ 热土　阳光
——浦东新区阳光驿站十年巡礼

中共上海市浦东新区委员会组织部 2013 年 11 月编印。

进入新世纪以来，在"一流党建促一流开发"和"三服务"理念指导下，自 2003 年 8 月陆家嘴社区（街道）阳光驿站始，浦东全区 39 个社区（街道）、镇和开发园区相继建立了这一区域性、服务型、开放式、专业化的基层党建平台和窗口。十年来，阳光驿站坚持发挥好服务大局、开拓创新、推动发展、凝聚人心的作用，生动诠释了"三服务"的内涵。本书全面反映了浦东阳光驿站十年来的探索与实践、经验与成效，旨在推动党的十八大精神在基层党建领域落实落地，推动新时代浦东基层党建思路新拓展、能级新跃升。

□ 浦东红色书信选

中共上海市浦东新区委员会党史办公室、上海市浦东新区地方志办公室 2021 年 10 月编印。

本书选取了一百余封浦东历史人物的往来书信，以及与浦东有关的书信，为我们学习中共党史、新中国史、改革开放史和社会主义发展史提供一个独特的视角，于一封封书信的细微之处理解宏观历史，汲取历史的智慧。

本书选取的历史人物包括张闻天、宋庆龄、黄炎培、穆藕初、杜月笙、黄竞武、吴仲超、钱新之、林达、汪裕先、王艮仲、张伯初、傅雷、林同炎、苏局仙、沈敬之、刘英、艾中全、钱学森等。

☐ 军魂缘浦东

本书编写组 2018 年 9 月编印。

本书是致敬浦东新区首批军队转业干部参加新区建设 25 周年的一本献礼之作。1993 年浦东正式设区后，125 位全国各地军转干部来到浦东，充实到区级机关、企事业单位和街镇的公职人员队伍中，融入如火如荼的浦东开发时代大潮。

本书汇编其中 26 位有代表性的当事人撰写的回忆文章，记述他们在浦东精彩难忘的再成长、再出发经历，展现了"九三"军转干部不忘初心筑军魂、奉献浦东建新功的精神风貌。

☐ 刀尖
——浙东劲旅英雄事迹纪略

林积昌主编，同济大学出版社 2017 年 4 月第 1 版，定价 58 元。

本书通过介绍诞生于上海浦东、组建于浙东的解放军某部的辉煌历程，包括十一次著名战斗、十个著名英雄集体、十名著名战斗英雄以及多次抗洪抢险、地震救灾等事迹，赞颂了人民子弟兵不畏困难、不怕牺牲、一心为民的优良传统和英雄精神，是一本选题独到、内容详实的爱国主义教育优秀读本。

四、政治·法律·社会

□ 张闻天思想研究

覃采萍著，人民出版社 2018 年 10 月第 1 版，定价 39.8 元。

本书是作者在吸取学界已有张闻天相关研究成果的基础上，在如下方面力求突破而编著的一本研究论著：对张闻天每一典型思想的形成过程、内容、特点、理论价值及时代局限性等进行全方位研究，从马克思主义中国化进程视域来研究张闻天思想，深入挖掘张闻天思想的现实价值。本书采用了文献研究法、唯物辩证的研究方法、比较研究法、多学科交融研究法、口述史研究法五种研究方法。

□ "百年回眸"老党员风采录
——浦东新区老干部庆祝中国共产党成立 100 周年

中共上海市浦东新区离退休干部工作委员会、中共上海市浦东新区委员会老干部局 2021 年 6 月编印。

本书是在庆祝中国共产党的百年华诞之际，围绕浦东革命、建设和改革开放等各历史时期的发展脉络，精选各条战线作出突出贡献的 100 位离退休老干部事迹编撰而成。全书分为三个篇章：第一章"铸党魂"，展现老干部们在烽火岁月中坚守信仰、勇毅斗争、为党和人民解放事业奉献青春热血的记忆；第二章"兴党业"，讴歌老干部们在浦东开发开放大业中奋力担当、艰苦创业的风采；第三章"颂党恩"，反映老干部们老有所为、发挥余热、尽己所能服务社会的事迹。每位老干部的履历介绍配上精美肖像照、生活照，给予读者激情昂扬而又亲切生动的阅读体验。

☐ 廉诚新语
——首届"廉洁·诚信"征文优秀作品汇编

上海浦东新区洋泾街道纪工委2018年3月编印，主编王云峰。

洋泾街道自2017年开始在社区廉政文化建设和"廉心桥"品牌打造方面进行了有益的探索，汇编了一批廉政教育警示录，举办了"廉洁·诚信"征文活动，精选其中46篇优秀作品汇编成册。这些作品凝聚了洋泾社区工作者和退休党员、群众对党风廉政建设和反腐败斗争的思考结晶和真知灼见，以小见大，直抒胸臆，折射出基层党员群众对党中央正风反腐的坚决支持和极大热情。

☐ 廉画新声
——"农行杯·你我画廉政"全国漫画大赛优秀作品选

上海市浦东新区洋泾街道2019年9月编印。

党的十八大以来，洋泾街道在推进廉政文化宣传方面进行了积极有效的探索，推动廉政宣传进机关、进小区、进医院，编印了一批内容丰富、篇幅短小、脍炙人口的廉政宣传"口袋书"。2019年，由洋泾街道纪工委监察办主办、农行上海管理部和上海分行协办的"农行杯·你我画廉政"全国漫画大赛取得圆满成功。本书汇编了其中46幅（组）佳作，以构思精巧、直观生动、趣味盎然的漫画手法，展现近年来深入推进全面从严治党的规矩禁令，警示违法违纪案例，倡导人人思廉、全员倡廉的廉政文化氛围。

四、政治·法律·社会

□ 上海市浦东新区人大工作研究会调研文集

上海市浦东新区人大工作研究会于2019年1月、2020年4月、2021年4月分期编印，目前形成三集。

浦东新区人大工作研究会自2018年成立以来，认真贯彻落实习近平新时代中国特色社会主义思想，围绕区委中心工作和人大履职实践，积极开展人大工作规律、方法的调查研究，形成了一批高质量的调研成果，为坚持和完善人民代表大会制度、提高人大工作质量和水平、开创浦东开发开放新局面发挥了积极作用。三卷"调研文集"共计汇编课题成果32项，涉及制度创新、法治建设、基层治理、民生保障、监督审查等多方面内容。

□ 上海市浦东新区持续推动立法授权工作调研成果选编（2015—2021）

上海市浦东新区人民代表大会常务委员会2021年12月编印。

本书收录了2015—2021年内上海市浦东新区持续推动立法授权工作的28项调研成果，包括2015年《关于授权浦东新区制定法规规章可行性的研究报告》等4项，2017年《浦东法治建设若干问题研究》等5项，2018年《关于浦东新区人大在改革创新中加强制度供给能力的思考》1项，2019年《深入贯彻落实国家战略　以用好上级人大赋权授权助力浦东改革发展》等2项，2020年《为浦东打造社会主义现代化建设进一步强化法治保障的思考》等3项，2021年《关于贯彻落实中央重大文件精神更好发挥浦东在授权立法中的主体作用的建议》等13项。

☐ 同心逐梦三十年
——浦东新区政协提案故事集锦

浦东新区政协提案委员会、浦东新区政协文化文史和学习委员会编，文汇出版社 2020 年 12 月第 1 版，定价 68 元。

通过 30 件优秀提案，本书深情讲述浦东新区政协在浦东改革开放的创新实践中积极履职尽责的担当作为，生动体现政协委员们心系国家发展、情牵社会民生的家国情怀，既充分展示了浦东政协委员在积极探索改革新路、创造浦东传奇中的独特作用，也从一个侧面体现了开发开放中浦东政协委员勇立潮头的使命感、积极履职的责任感和时不我待的紧迫感，生动展示了浦东政协委员"建言建在需要时、议政议在点子上、监督监在关键处"的履职意识和履职风采。

☐ 张闻天社会主义论稿

张闻天选集传记组、中共上海市委党史研究室合编，中共党史出版社 1995 年 2 月第 1 版，2010 年 8 月修订再版，定价 19 元。

本书是在纪念张闻天同志诞辰 110 周年之际修订再版的，收录了张闻天同志从早年参加革命到庐山会议前后，直至"文化大革命"时期下放广东期间撰写的有关社会主义革命和建设论述的代表性论文、笔记、报告等共 38 篇，内容涉及经济建设、生产关系、农村工作、阶级斗争、党群关系等，为我党留下了一批具有重要历史价值的马克思主义理论文献，反映出张闻天同志毕生对党忠诚、坚持真理、实事求是的崇高精神。

四、政治·法律·社会

张闻天早期文集（1919.7—1925.6）

张闻天选集传记组、张闻天故居、北京大学图书馆编，中共党史出版社1999年3月第1版，2010年8月修订再版，定价35元。

张闻天是浦东籍的中共早期重要领导人之一、杰出的无产阶级革命家和理论家。青年张闻天是五四运动的热血战士，他从19岁参加五四运动至25岁在五卅运动中入党的6年时间内，在当时国内外有影响的报刊以及本人主编的刊物上，共发表了80余篇40多万字各种体裁的作品，以及近60万字的译作。在纪念张闻天诞辰110周年之际，本书编纂组精选张闻天早期作品88篇汇编成书，内容涉及国际、国内、政治、经济、文化及社会各种问题，展现了张闻天无产阶级革命思想形成和发展的脉络，也在一定程度上反映了中国共产党成立早期的理论和实践探索。

张闻天与中国外交

萧扬著，学林出版社2012年10月第1版，定价33元。

作者萧扬1949年12月任职于外交部，曾在驻苏联大使馆和两个领事馆工作，并受张闻天同志领导，后任张闻天秘书五年。20世纪80年代起，主持多项张闻天选集、传记的编辑工作。本书记述了张闻天在我国外交战线上鲜为人知的成长经历和重要贡献，深情回忆、客观评价了张闻天在新中国成立伊始、世界局势完成历史性重大转折的情况下对我国外交事业立下的奠基开局之功，尤其是他努力倡导的突出和平与发展主题以及采取对外开放姿态，是一部站在改革开放乃至中国特色社会主义进入新时代的背景下研究张闻天外交生涯、提炼我国外交事业发展逻辑的优秀著作。

☐ 浦东党史知识读本

上海浦东新区关心下一代工作委员会、上海浦东新区文史学会、上海浦东新区文物保护管理所 2016 年编印。

本书在中国共产党成立 95 周年之际问世，记载了新民主革命时期浦东地区党组织建立、发展的历程，广大党员、革命先烈为新中国而浴血奋战的光辉事迹，以及浦东知名的革命纪念场馆、重要战役遗址、烈士牺牲地等红色地标。本书主要面向青少年读者，篇幅短小，语言凝练但图文并茂，是一本非常适合在校园普及的党史教育"口袋书"。

☐ 浦东新区区级机关 2013 年党建工作优秀案例集
☐ 2013 年浦东新区区级机关党员风采集

中共上海市浦东新区区级机关工作委员会 2014 年 1 月编印。

编者以"践行为民务实清廉群众路线，当好改革开放排头兵和科学发展先行者"为主题，选录了 2013 年度浦东新区区级机关在党的建设和党员发挥先锋模范作用方面的优秀案例、风采事迹，发至全区机关、街镇和企事业单位作为一流党建引领一流改革发展的生动教材。共分为两册，"案例集"汇编了区级机关党建特色工作、"十佳"学习型党支部和"十佳"提名党支部在加强政治建设、凝聚党员群众、服务社会民生、打造机关文化等方面的优秀案例 36 篇；"风采集"选编了 126 位在区级机关各个条线上发光发热、敬业奉献、创造佳绩的共产党员事迹，以短小精悍的篇幅展现他们工作、生活中的华彩片段。

□ 海上碑林里的红色记忆

柴志光编著，主编中共上海市浦东新区委员会党史办公室、上海市浦东新区地方志办公室，上海远东出版社 2021 年 12 月第 1 版，定价 88 元。

这是一部汇编了上海地区红色文化碑记的文献集。按照历史事件发生的时间顺序，依次收录了上海地区 140 多处纪念碑、雕塑，经过作者多年实地走访采集拍照，并进行相关资料考证后编著而成，从遗址遗迹、烈士陵园、纪念塔碑、历史事件、党史人物、革命诗文等角度，用记载碑文、讲述背景、附以照片的方法向读者介绍中国共产党在上海的红色故事，基本涵盖了从清朝末年到中华人民共和国成立至今，革命志士们在上海生活、战斗、牺牲的光辉事迹。

□ 激荡百年
——中国共产党在浦东图史

中共上海市浦东新区委员会党史办公室编，上海人民出版社、学林出版社 2021 年 12 月第 1 版，定价 108 元。

《激荡百年——中国共产党在浦东图史》为"中国共产党在上海百年图史系列丛书"之一。本书分为新民主主义革命时期、社会主义革命和建设时期、改革开放和社会主义现代化建设新时期、中国特色社会主义新时代四个部分，以生动的档案、报刊、历史图片、现代图片为表现方式，呈现百年来党在浦东的重大事件、重大成就，展示百年来中国共产党团结带领上海浦东人民的奋斗历程，展现浦东广大党员干部群众，在党的带领下，表现出的英勇奋斗、艰辛探索、开拓创新的可贵精神，以庆祝建党百年。

浦东红色革命故事

浦东新区政协文化文史和学习委员会、上海市浦东新区文史学会 2021 年 9 月编印。

为庆祝中国共产党建党 100 周年，浦东新区政协围绕"四史"教育举行一系列学习活动，其中收集、整理、出版在浦东的红色革命故事为党史教育系列活动的一项重要内容。

浦东是一块有着深厚红色文化底蕴的土地，也是一块英雄的土地。在这块土地上，无数仁人志士和革命先烈留下了英雄足迹，3000 多位先烈献出了宝贵的生命。本书在文章的选择上把握了两个重点，一是尽可能选用成书前两年内发掘整理的新史料、新文章；二是以在浦东土地上战斗并为革命事业作出贡献的英雄烈士为主。

民主革命时期浦东统战史料汇编

上海市浦东新区文史学会 2013 年 10 月编印，主编唐国良。

民主革命时期，党依靠统一战线、武装斗争、党的建设三大法宝，经过长期艰苦的斗争，取得了革命的胜利。为发掘整理民主革命时期党在浦东开展统战工作的真实故事和宝贵经验，编者广泛收集各类统战史料，编撰成书。

本书是展示浦东地区党的统一战线历史的重要记忆，是地区党史不可缺少的一个组成部分，也表达了对张闻天、黄炎培、林均、穆藕初、连柏生、朱亚民等众多革命先辈、爱国民主人士的深深敬意。

☐ 回顾
——上海浦东民盟医卫支部25年

闵国华主编，上海社会科学院出版社2013年11月第1版，定价76元。

本书在上海浦东民盟医卫支部成立25周年之际汇编而成。2012年该医卫支部被民盟中央评为"社会服务工作先进支部"。多年来，民盟基层组织在思想建设、组织建设、参政议政、服务社会等方面皆有不凡建树，其中，该医卫支部25年不断探索、不断成长的历史，从一个侧面反映了我国现代化进程多党合作制度的不断完善深化，是我国改革开放以来社会民主进程的一个缩影。

本书分为序、概述、支部发展篇、社会服务篇、参政议政篇、盟员风采篇、展望未来篇、大事记和后记等部分。

☐ 党务工作手册·案例篇

浦东新区洋泾街道社区党委2016年10月编印。

洋泾街道党工委高度重视党的基层组织建设，在新时代以来的探索实践中，形成了"一心三圈""七位一体"协商共治、党建联席会议"轮值会长制"、两新党建"布点划片、强片亮点"等一系列工作机制和品牌，党建引领社区自治共治成果明显。为展现街道党建工作成果经验，提高基层党务工作者的业务能力，街道组织编撰了《党务工作手册》的系列丛书。其中最具特色的"案例篇"，收录案例63篇，按主题编为社区自治共建、党员管理、日常党务、活动组织、两新党建、拆违与人口调控、重大工程矛盾化解、应急处突、居委会业委会物业合作九个部分。

□ 答卷
——陆家嘴金融城楼宇党建实践与探索

中共上海浦东新区委员会2019年10月编印。

上海是楼宇党建的发轫地，高端青年人才云集的陆家嘴金融城又是上海楼宇党建的始发地和杰出样本。新时代以来，陆家嘴金融城认真落实习近平总书记关于创新新经济组织、新社会组织党建工作的要求，从跨前思考、整体推进、完善服务、活化平台等方面发力，积极探索楼宇党建的新方法、新路径、新模式，推动党建工作同楼宇共发展、同企业共前进、同党员职工共成长。本书从支部建在楼上、金融城的年轻人、助推楼宇经济发展、党建引领社会治理四个方面整理陆家嘴金融城楼宇党建工作的宝贵经验、生动故事和突出成效，展现了一份楼宇党建凝聚年轻白领、引领金融城高质量发展的精彩答卷。

□ 红润
——上钢新村街道那些人和事

上钢新村街道党工委、上钢新村街道办事处编，文汇出版社2017年3月第1版，定价48元。

本书是上钢新村街道深入开展"两学一做"主题教育活动，推进"文化上钢、幸福上钢、睦邻上钢"建设成果的集中展示。全书融通讯、报告文学、述评等写作手法于一体，遵循"精神引领、故事说话、树立群像"的要求，生动再现了辖区内"两弹一星"功臣、志愿军老战士、各时期劳动模范、世博盛会中迅速成长起来的城市志愿者这四个先进群体的感人事迹和成长历程，展现了上钢深厚的红色文化底蕴，激励着上钢人民弘扬社会主义核心价值观，继往开来，不断创造新时代浦东高水平改革开放新奇迹。

☐ 创造和谐
——我最成功的调解案例征文汇编

浦东新区洋泾司法所 2014 年 10 月印。

本书是洋泾司法所对党的十八大以来辖区内人民调解工作的优秀案例的汇编。所收录的 39 篇征文都来自一线调解干部从业经历中的鲜活故事，内容涉及邻里关系、家庭矛盾、经济纠纷、劳动就业、物业管理等社区生活的方方面面，从中可以看到曲折的调解过程、发自肺腑的真情实感、历经风雨的经验之谈。每篇案例除详细记述其事由、经过、调处结果外，还附有区司法局专家的点评，本书是一本有益于人民调解工作发展和社区稳定的活教材。

☐ 浦东新区审判志

《浦东新区审判志》编纂委员会编，法律出版社 2013 年 5 月第 1 版，定价 78 元。

在浦东新区人民法院成立 20 周年之际，本书作为首部全面记述浦东新区审判工作的专业志书问世。本志内容按司法审判的专业领域分类编排，正文共计 14 章，另有总述、大事记、规章制度、人大报告等附文，全面、系统地记述了浦东新区审判工作的历史和现状。它着重记载了 1993 年建院以来，浦东新区人民法院忠实履行宪法和法律赋予的职责，依法惩治犯罪，妥善处理民商事和行政诉讼，为维护社会公平正义、推进法治国家建设、保障浦东经济社会发展和稳定所作的贡献，还记载了法院建设及审判相关方面的内容。全书编写突出时代特色、地方特点和专业特征，选录了大量代表性、典型性案例，呈现了与改革开放同行的一方法院历史画卷。

□ 上海市浦东新区法制保障工作资料汇编（一）

上海市浦东新区人民代表大会常务委员会2021年12月编印。

本书收录了2007年以来，国家、上海市、浦东新区层面出台的法制保障工作资料，包括三部分内容，分别为《中共中央 国务院关于支持浦东新区高水平改革开放打造社会主义现代化建设引领区的意见》等11项法制保障工作相关制度，《上海市浦东新区深化"一业一证"改革规定》等6项上海市人大常委会浦东新区法规立法成果，《〈浦东新区人民代表大会常务委员会关于加快法治政府建设的决定〉及其说明》等5项浦东新区人大常委会法制保障工作成果。

□ 浦东新区加快培育发展社会组织专项调研报告汇编

浦东新区社会建设工作领导小组办公室2013年9月编印。

围绕贯彻党的十八大提出的"加快形成政社分开、权责明确、依法自治的现代社会组织体制"要求，落实市委《关于开展"加快培育发展社会组织"专题调研》，2013年4月初开始，浦东区委区府领导牵头、区社建办负责、区民政局等部门参与开展"加快培育发展社会组织"专题调研，采取"1+6"形式展开，即1个总报告、6个重点专题研究。

6个重点专题研究分别是社会组织党建工作情况研究、公益慈善类及城乡社区服务类社会组织发展情况研究、改革社会组织登记管理制度研究、网络社团引导和管理研究、增强行业协会自主性和活力研究、社会公益基金会管理运作机制研究。

浦东律界

李泽龙、李宝令主编，上海三联书店2012年11月第1版，全2册，定价200元。

浦东律师业紧跟浦东开发开放的步伐和法治国家建设的进程，多年来保持蓬勃活力，经历激荡磨砺，取得了长足发展，同时涌现出了一批职业精神优秀、业务水平精湛的翘楚。主编从机构、人物两个视角，展现了浦东律师业激流勇进的成长历程，对于浦东律师业在更高层面上思考自身职业价值，实现规模化、专业化、品牌化、国际化发展，在新时代法治浦东建设中发挥更大作用，颇具启示意义。

上册《壮美的律动——浦东十大律师事务所发展之路》，讲述浦东十家最有影响力的知名律师事务所的成长故事、品牌文化、业务特色和经典案例；下册《律界骄子——浦东历届十大杰出青年律师》，展现了20位历届浦东十大杰出青年律师光彩照人的从业经历和人生故事。

☐ 青少年法治教育漫画绘本丛书

最高人民法院研究室、上海市浦东新区人民法院编，主编吴金水，人民法院出版社2019年5月出版。

本丛书共2册，是2011年以来浦东新区人民法院少年庭开展青少年普法教育系列成果的凝练和升华，是为贯彻落实全面依法治国要求、增强青少年法治意识和法治素养而编写的普法读物。丛书以近年来司法审判实践中的典型案例为素材，辅以相关法律条文解读，通过趣味盎然、通俗易懂的漫画绘本形式，向青少年普及学校、家庭和社会生活中常见的法律问题，开展预防青少年违法犯罪的警示教育，是党的十八大以来一套紧跟时代发展、贴近未成年人特点的优秀普法宣传图书。

丛书中的《开心漫漫看·远离犯罪篇》分册，包含10个未成年人常见违法犯罪行为的案例解读，通过实例详细解释违法犯罪行为的表现、定性及法律后果。《开心漫漫看·校园维权篇》分册，包含了20个未成年人遭受意外伤害的常见情形及相应的法律规定、诉讼程序。

□ 浦东基层社会治理丛书

中共上海市浦东新区地区工作委员会、上海市浦东新区建设和交通委员会、上海市公安局浦东分局、上海市浦东新区社会治理研究会等2020—2021年编印。

根据习近平总书记"城市管理应该像绣花一样精细"的要求以及上海建设"人民城市"的规划，浦东新区着力提升基层社会治理规范化、精细化、科学化、时代化水平，整合资源，创新思路，激发自治共治力量，聚焦群众难点痛点问题精准施策，取得良好成效。本丛书是对近年来全区基层社会治理经验和规律的总结提炼，按问题类别编写了7册，分别对当前基层社会治理中的6个热点问题，包括电动车充电问题、小区停车难问题、文明养宠问题、"农民市民化"社区治理、多层住宅加装电梯、农村社区物业服务等进行深入解析，提供解决对策和案例样本。其中关于多层住宅加装电梯问题的已推出2本分册，分别为《李大妈加梯记——既有多层住宅加装电梯样本（1.0）》和《李大妈加梯记——既有住宅加装电梯指导手册（2.0）》。

☐ **社区治理智能化：基于上海浦东新区的实践探索**

罗新忠编著，上海交通大学出版社 2020 年 8 月第 1 版，定价 88 元。

本书基于近年来浦东新区社区治理的智能化实践，注重对基层社区治理创新热点、难点进行全面梳理和深入解读，并借此契机深入探讨未来社区治理的智能化发展路径，内容涵盖社区治理智能化方式和作用、智能化与基层党建、社区公共服务、社区公共安全、社区自治共治、社区共同体打造的关系等。本书编撰深入浅出、通俗易懂，适合社区治理干部和社区一线工作者作为日常工具书。

☐ **党建引领社会力量参与社区治理：基于上海浦东新区的实践探索**

张冉等著，上海交通大学出版社 2021 年 1 月第 1 版，定价 89 元。

本书基于浦东新区的实践探索，就党建引领社会力量参与社区治理的理论与实践进行了系统化阐述，旨在深入展现当前党建引领基层治理探索的生动画面，探讨其内在规律。全书共六章，在理论内涵与实践图景综合诠释的基础上，分别针对辖区企事业单位、实务型和支持性社区社会组织、居（村）民等典型社会力量参与社区治理的实践探索进行了探讨。本书理论与实践紧密结合，内容系统性、针对性强，可作为广大街镇居村干部和基层社区工作者的案头参考书。

☐ 浦东新区基层治理示范社区跟踪培育成果汇编

中共上海市浦东新区地区工作委员会2022年10月编印。

本书选录了近年来在全区各街镇开展"基层治理示范社区"培育工作中涌现出来的10个优秀典型居村委的案例，素材均来自社区一线工作者的实践，经知名高校、科研院所专家学者提炼总结成文。对于每个案例，在综合阐述其社区特点、治理难点、治理过程和成效的基础上，本书就其中最有代表性的重点难点问题，如党建引领、业主自治、物业管理、业态创新、产业融合、环境生态等进行深入剖析，提出具有针对性和可操作性的对策。

☐ 融汇
—— 浦东新区社会力量参与社区治理优秀案例汇编

中共浦东新区地区工作委员会、中共浦东新区社会工作委员会2016年8月编印。

为贯彻落实2015年初上海市委《关于进一步创新社会治理加强基层建设的意见》和6个配套文件精神，推动服务群众、城市管理工作重心下移，促进社区自治共治体系建设，开展了全区社会力量参与社区治理优秀案例征集，精选其中百余篇优秀案例汇编成书，以资指导借鉴。这些案例汇集了社区生活服务、慈善公益、文体活动、专业调处等多领域社区治理场景，洋溢着感人故事和鲜活经验。书名中"融汇"是"调和贯通、汇纳百川"之意，强烈折射出新时代具有浦东特色的社会治理新理念、新路径。

浦东新区社会治理创新百佳案例汇编

中共浦东新区地区工作委员会、中共浦东新区社会工作委员会 2018 年 11 月编印。

近年来,浦东新区按照习近平总书记和中央、市委关于社会治理的一系列要求,扎实推进"创新社会治理加强基层建设",从而涌现出一批具有创新性、实践性、示范性并在全社会具有广泛认可度的典型案例。本书选录近百个社会治理优秀案例,内容覆盖党建引领、服务民生、自治共治、城市治理、社会稳定等各个方面,其中 30 篇是曾在全国、市、区评选中获奖的突出案例。对每个案例展开介绍其主要做法、取得成效和案例启示,建构"系统、功能、载体、机制、队伍"的方法论模型,有助于社会建设相关部门及实务工作者开阔视野、完善思路,进一步推动浦东社会治理的创新和发展。

服务型政党与社会管理创新
——"三服务"视角下浦东基层党建创新实证研究

顾丽梅等著,上海人民出版社 2013 年 4 月第 1 版,定价 38 元。

2003 年始,浦东率先提出"三服务"(党的上级组织为基层服务、党的基层组织为党员服务、党的各级组织和党员为群众服务)党建理念,不断扩大党的组织覆盖、工作覆盖、制度覆盖,在优化服务中提升党组织的凝聚力和战斗力。本书是区委组织部牵头开展的"'三服务'视角下浦东基层党建创新实证研究"课题成果,贯穿着"一流党建促一流开发"这条红线,从发展历程、组织架构、组织与党员的关系、政党与社会的关系、以服务促管理的政党制度建设五个方面,论述了"三服务"理念指引下基层党建创新发展的历程、成效和未来展望,反映了党在领导浦东实现快速城市化、工业化、国际化和跨越式现代化过程中自身领导能力的进阶。

四、政治·法律·社会

☐ 浦东新区社区分类治理指导手册

浦东新区民政局 2021 年 1 月编印。

近年来,浦东新区围绕"创新社会治理、加强基层建设"目标,在完善街镇体制、创新自治机制、拓展民主参与载体等方面进行了一系列探索。2019 年,根据上海市民政局《关于推进城乡社区治理突出问题分类指导工作的通知》精神,进一步对全区各社区按居住房屋类型、人群结构等特征,聚焦重点难点问题针对性地开展社区治理分类指导,按需施策,努力提升社区治理规范化精细化水平。在此过程中形成的好经验、好做法固化为制度,编撰形成《浦东新区社区分类治理指导手册》,使其成为一本对推动新时代浦东社区治理现代化颇有助益的工具书。

本书分上下两册。上册《一特征、三清单》围绕 11 种社区类型研究制定问题与需求清单、资源清单及治理对策清单,下册《优秀案例和典型工作法》选取社区分类治理优秀案例 23 篇,分析其问题需求、主要对策、治理成效和启示。

□ 让自治成为一种生活方式
——充分发挥党组织在基层群众自治中作用案例选编

中共上海市浦东新区委员会组织部、上海市浦东新区民政局2013年编印。

进入新世纪以来，全区基层党组织积极探索创新基层群众自治工作，形成了丰富的实践成果，基层党组织开始有意识地在价值引领、组织动员、支持服务、统筹协调、凝聚骨干等方面发挥主导作用，村居民群众有序参与的议事协商平台和机制逐步建立健全。为总结全区推进基层群众自治的做法和经验，进一步激发基层党组织开展此项工作的主动性、积极性，区委组织部按照"工作有载体、实践有亮点、推进有成效"的标准，选编了各街道、镇相关案例100篇。本书对于广大基层党组织增进认识、开阔视野、拓展路径，落实好党的十八大提出的"健全基层党组织领导的充满活力的基层群众自治机制"新要求，具有积极意义。

社会工作督导：选拔、培养、使用、激励
——本土化探索的地方性实践

上海市浦东新区社会工作协会组编，主编王瑞鸿，华东理工大学出版社2019年12月第1版，定价98元。

社会管理创新作为浦东开发开放的重要组成部分，早在20世纪90年代便开始了专业化与本土化发展道路的探索。按照《国家中长期人才发展规划纲要（2010—2020）》《社会工作专业人才队伍建设中长期规划（2011—2020）》等政策精神，为进一步提升社工队伍综合素质，推进社会工作实务专业水准上新台阶，浦东新区社会工作协会于2011年起以督导培训班的形式开展社工督导人才队伍培养，并受区民政局委托，承接"浦东新区社工督导人才管理考核和继续教育"项目，逐步建立完善了浦东新区社工督导的选拔、培训、考核机制。

本书主要以协会在社工督导方面的创新为例，围绕选拔、培养、使用、激励等方面展开，汇集了大量实践案例以及具有操作性的实施细则，是新时代一线社会工作者、社工机构管理人员以及党政机关相关部门负责人的实用工具书。

□ 创新不止·活力无限
——第三届浦东社会建设十大创新项目成果汇编

中共浦东新区地区工作委员会、中共浦东新区社会工作委员会2016年8月编印。

2015年是全面贯彻"创新社会治理、加强基层建设"调研成果、市委"1+6"和区委"1+24"文件的第一个推进落实年。为深度挖掘、及时总结推广浦东社会建设和社会治理的实践成果和创新经验，浦东新区地区工作党工委（社会工作党工委）在全区组织开展"第三届浦东社会建设十大创新项目评选"，本书即是对其中经过层层评审最终获评的创新案例的汇编，主题涉及城乡融合、老年照护、女性成长、公益服务、邻里和谐、智慧社区等，对推动浦东社会治理的理论创新、制度创新、方式创新具有重要指导意义。

□ 2018年浦东社会治理创新媒体宣传报道汇编

中共浦东新区地区工作委员会、中共浦东新区社会工作委员会2018年12月编印。

2018年，在庆祝改革开放40周年之际，浦东新区社会治理工作也迈进了标准化、专业化、智慧化发展的新里程。被誉为城市"智慧大脑"的浦东新区城市运行综合管理中心成立后迎来第一个完整运行年，"家门口"服务站全面开花，浦东新区首次发布基层社会治理领域标准《社会治理指数评价体系》《"家门口"服务规范》，浦东社会治理工作的新突破、新成绩引起广泛关注和肯定。本书选录全年见诸国家级、市级和本地知名媒体的相关报道36篇，全面展示了创新发展、转型升级中的浦东新区社会治理工作面貌。

☐ 社区工作实务手册

花木街道示范点建设项目实务组、复旦大学社会工作系项目理论组 2016 年 8 月编印。

本书是花木街道各职能部门和广大社区工作者总结两年多来社区管理工作规范化和专业化的探索实践而形成的一本实用工具书，也是"花木街道示范点建设"项目的初步研究成果。书中分六个篇章，阐述了社区、居委会与社会组织的概况、社区党务居务工作职责、基层民主自治与区域化共建共治、社区工作的相关法律遵循等内容，还加入了工作流程图表、实务案例、日志记录等，内容丰富，理论联系实际，是一本有推广价值的新时代社区管理宝典。

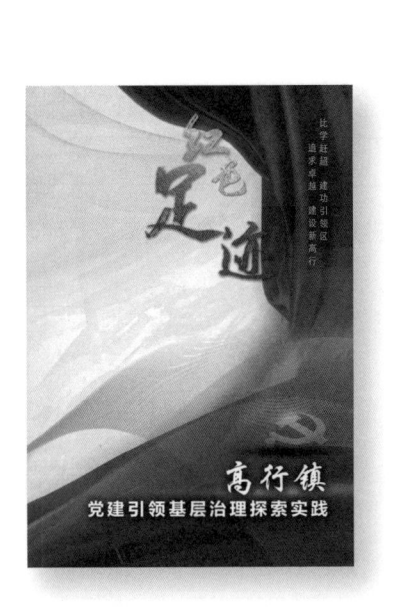

☐ 红色足迹
——高行镇党建引领基层治理探索实践

上海市浦东新区高行镇党委、上海市浦东新区高行镇人民政府 2022 年 10 月编印。

本书是对 2017 年以来高行镇第四届党委领导下镇域全面工作的回顾，是高行镇以一流党建引领一流基层治理实践经验的总结。2017 年以来，高行镇围绕"建功浦东引领区，建设高行幸福镇"的目标，奋力推动"五高"（高质量发展、高品质生活、高效能治理、高颜值环境、高水平党建）发展，跻身浦东经济社会综合实力强镇行列。本书选录了上级领导关心与批示、取得的主要荣誉、重点工作的制度文件、重要会议、领导讲话、基层经验、媒体报道等材料，形成了一本具有推广复制价值的镇域党建和基层治理宝典。

□ 治理与提升：三林镇加强和创新社会管理课题调研成果集（2015）

上海浦东新区三林镇人民政府 2015 年 12 月编印，主编储明昌、王晓杰、唐雯。

为贯彻落实党的十八大对加强和创新社会管理、提高社会管理科学化水平的部署以及 2014 年市委"1号课题"要求，三林镇将 2015 年确立为"管理年"，围绕社会综合治理、环境管理、人口管理、资产管理、社区管理、公共文化管理、干部管理、制度管理、人大参与式管理、市场管理等领域开展了课题调研，查找这些领域存在的问题、矛盾和短板，提出加强和创新管理的意见、措施和方法，将调研成果汇编成本书，对完善党委政府领导、社会协同、公众参与、法治保障的社会治理体系，推进浦东新区社会治理现代化进程具有较强指导意义。

□ 特战舰队高歌行进
——高行镇党建引领社会治理和法治建设实践选编

中共浦东新区高行镇委员会、浦东新区高行镇人民政府 2018 年 6 月编印。

本书系统回顾和总结了党的十八大以来高行镇推进"红色引擎"工程打造"特战舰队"、创新社会治理和加强基层建设的理论成果和实践经验。全书分文件选编、工作部署、实践案例、批示摘录、高行榜样、媒体报道六个部分，较为全面地展现了高行镇提高法治化精细化管理水平、增进人民获得感的"党建 + 法治"融合发展成果。

上海浦东市场监管体制改革思考与实践

吴伟平等著，中国工商出版社2019年4月第1版，定价52元。

浦东新区是全国市场监管机构整合最早的地区之一，通过一系列措施出色地实现了机构整合的目的，整合融合成效明显。本书比较全面细致地记录了改革创新和队伍融合的经验，突出实践性和操作性，以问答的形式，详细展示了浦东市场监管体制改革的发展历程，反映了在改革探索过程中所思所想、工作措施和经验教训。

全书分为六个篇章，分别是浦东市场监管体制改革的背景与形式，浦东市场监管体制改革的原则、理念和路径，浦东市场监管体制改革的实践探索之一至之四：简政放权、事中事后监管、优化服务、队伍建设。

一支部一特色 一所一品牌
—— 浦东市场监管的党建引领基层治理创新探索

吴伟平、高国忠主编，中国工商出版社2022年11月第1版，定价48元。

浦东新区市场监管局在基层治理创新路上积极探索、勇于实践，大力推进党建工作与主责主业有机融合、互促并进。2018年以来，以"一流党建促一流发展"为目标，推动形成"一支部一特色、一所一品牌"项目机制，一批"特色基层所"拔尖冒头，一套具体可操作的实践举措迅速落地，一个个示范品牌效应持续释放，提供了重要的参考价值。本书选取了32个典型案例，既重视当前破题，又立足长远课题，取得了激发基层组织活力、推动基层管理创新、强化基层治理能力的实效。

全书分为综述、助推发展、监管创新、服务民生、安全保障、队伍建设六个板块。

2015年浦东新区镇管社区调研报告汇编

中共浦东新区地区工作委员会、中共浦东新区社会工作委员会编印。

该书收录了4篇2015年浦东新区有关镇管社区机制实践探索的调研报告,主题分别为"浦东新区镇管社区探索和实践课题报告""川沙新镇关于创新社会治理加强基层建设的情况汇报""三林镇'镇管社区'体制机制浅谈""航头镇探索实践'镇管社区'模式的启示"。

2017浦东新区社会治理创新成果汇编

中共浦东新区地区工作委员会、中共浦东新区社会工作委员会编印。

该书收录了2017年浦东新区36个街镇社会治理创新成果,有陆家嘴街道《落实规划参与权 推动社区微更新》、潍坊新村街道《"绿"色环保解难题 共商共治共欢"畅"》、塘桥街道《"老友记"——家门口的文化养老微空间》、金桥镇《永业一居"螺蛳壳里的和谐家园"》、高行镇《分类施策与多元探索——高行物业治理创新实践》、高东镇《敬老亭—品信欣雅苑社区公共空间》等36篇社会治理创新成果。

2016年浦东社会治理创新试验基地建设成果汇编

中共浦东新区地区工作委员会、中共浦东新区社会工作委员会编印,共5册。

市委"创新社会治理 加强基层建设"的"一号课题"提出后,浦东各街镇的社会治理实践创造了众多颇具地方特色的成功经验,区委提出在浦东新区街镇层面建立社区社会治理创新实验基地,旨在实现浦东经验由"盆景"到"苗圃",再到"森林",及在基层社会治理实践创新基础上,聚焦具推广价值的成功经验,借助专业研究力量,深化完善试验基地,进而全区推广以提升浦东新区社会治理水平。

本汇编有《高行镇提升小区物业管理水平》《陆家嘴街道社区基金会支持社会组织参与社区自治、社区治理》《沪东新村:街道党建引领下的社区自治和社区共治》《航头镇大居社区治理》《塘桥街道社会组织参与社区治理》5册,每册分总结篇、文件篇、案例篇。

☐ 2021年浦东新区基层社会治理调研报告汇编

中共浦东新区地区工作委员会2022年1月编。

本书包括顶层设计、攻坚克难、典型推广三方面，收录9篇有关浦东新区基层社会治理的调研报告，附有浦东新区信用社区建设研究总报告。

顶层设计部分，主题为"浦东新区基层社会治理'十四五'规划"；攻坚克难部分，主要是关于信用社区建设研究、未来社区建设实践、社区治理指数、现代熟人社区建构、社会治理创新等方面的研究；典型推广部分，主要是关于"浦东新区治理达人"品牌影响力评估、实践探索方面的研究。

☐ 浦东慈善公益事业发展报告（2021）

上海市浦东新区民政局、上海市法治研究会、上海社会科学院社会学研究所主编，社会科学文献出版社2021年11月第1版，定价168元。

本书由时任浦东新区副区长左轶梅作序，为首部浦东慈善公益蓝皮书，对30年来浦东慈善公益事业发展总体情况和主要领域的历程、现状、经验、特点、挑战等进行了系统深入的研究。浦东开发开放的30年也是慈善事业大发展的30年，形成了坚持中国特色、以人民为中心、改革创新、专业化发展等基本经验，走出了一条不断创新突破和实践之路。

全书分总报告、领域报告篇、专题报告篇、案例篇，共收录21篇文章，可为关心、支持、热心参与慈善公益事业的社会各界提供有益参考。

浦东社会发展追记

张学兵著，华东师范大学出版社2022年6月第1版，定价68元。

作者张学兵1992—1995年任浦东新区第一任社会发展局局长。本书以笔记的形式，记叙了浦东新区社会发展局的筹备及初期运作的情景。本书以社会发展的角度，从一个个创业故事，以小见大、以事及理，描绘了上海浦东从乡村快速走向城市化的过程。书中记叙了浦东新区的居民结构和人口素质发生的根本性变化，以及在浦东这块土地上生活的人们其社交视野、社交方式、社交能力的国际化和文明程度的质的转变，以此折射浦东开发开放的历史意义。

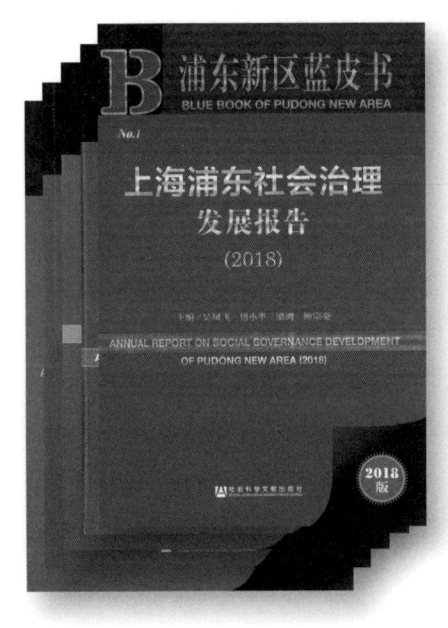

上海浦东社会治理发展报告（2018—2022）

按年立册，目前共5册，社会科学文献出版社出版，2018版、2019版分册定价99元；2020—2022版分册定价128元。

本套书在研判上海超大城市社会治理新形势新挑战的基础上，总结党的十九大以来浦东新区社会治理中的新经验，进行深度的理论提炼和探索，对新问题提出合理化对策建议。每年度的体例大致分为总报告和专项工作分报告两个部分。自2018年以来，主报告的主题涉及"浦东开发开放30年社会治理创新发展的成就与启示""卓越治理30年：浦东新区社会治理的历史与未来""浦东新区的疫情防控""技术引领创新：浦东新区智慧城市建设的经验及启示"等，分报告就党建引领、公共安全、自治共治、数字驱动智慧治理、数字赋能公共服务、社区管理等主题展开探讨。

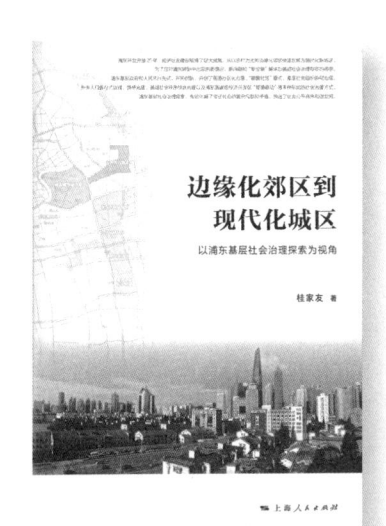

☐ 边缘化郊区到现代化城区
——以浦东基层社会治理探索为视角

桂家友著,上海人民出版社 2016 年 5 月第 1 版,定价 58 元。

作者桂家友时任上海市浦东新区行政学院副教授,博士,主要研究方向为政治社会学。本书是对浦东开发开放以来基层社会治理探索的理论分析和总结,包括街道社区化治理、"镇管社区"模式、基层社会组织协同治理、外来人口参与式治理、基层社会秩序综合治理等方面的创新探索。

☐ 浦东新区社会建设课题调研报告汇编（2012—2013 年）

浦东新区社会建设工作领导小组办公室编印,共 2 册。

党的十八大以来,浦东新区社会建设工作领导小组各成员单位、各街镇着力于在新的起点上推进以改善民生为重点的社会建设,在深入开展调查研究中不断探索新举措、新办法、新机制、新经验,研究社会建设工作的规律和发展趋势,破解社会管理方面的难点瓶颈问题,提升新区社会建设科学化、法治化水平。

《浦东新区社会建设课题调研报告汇编》,收录服务民生、综合治理、社区共治自治、社会组织的培育和发展四大类调研报告。2012 年分册,2013 年 2 月印,收录 20 篇获奖调研报告;2013 年分册,2014 年 2 月印,收录 22 篇获奖调研报告。

□ "浦东社会治理领域系列课题研究成果"系列书（2017—2018年）

中共浦东新区社会工作委员会编印。

2017年4册，2017年12月印，包括《社会力量参与社会社区治理研究报告》《"互联网"拓宽社区居民参与社区议事通道的路径研究》《管理资源下沉、构建协作共享平台对基层治理资源整合的作用报告》《互联网和人工智能对基层社会治理方式影响的研究》分册。

2018年1册，2018年11月印，主要有"浦东开发开放以来社会建设发展历程回顾与研究""依托法治思维推进社会治理研究""当前浦东社会治理领域发展不平衡不充分情况研究""落实'三转'工作机制研究""浦东新区社会工作人才队伍情况调研"等课题的研究。

五、文化·科学·教育·卫生

☐ **浦东红色文化论丛**
☐ **浦东江南文化论丛**

中共上海市浦东新区委员会党史办公室、上海市浦东新区地方志办公室、上海浦东历史研究中心编，主编龙鸿彬，上海远东出版社分册出版。

为积极响应市委市政府关于全力打响上海"红色文化、海派文化、江南文化"三大文化品牌，增强上海优秀传统文化辐射力和弘扬上海城市精神的工作部署，区党史办、方志办和历史研究中心组织编撰了这套文化论丛，汇集了一批优秀的文史研究专家、档案工作者等近年来撰写研究文稿。其中关于红色文化、江南文化的两册已出版。

《浦东红色文化论丛》2022 年 10 月第 1 版，定价 98 元。本书汇集了一批革命先辈、浦东开发建设者的亲历回忆，文史、档案工作者的研究成果及重要红色文献、红色碑文，是一部活态反映浦东地区红色印记的地情资料，彰显了浦东作为上海工人阶级重要发源地、抗日战争和解放战争时期长三角地区重要战场、我国改革开放排头兵先行者，在百年党史上的重要地位和作用。

《浦东江南文化论丛》2020 年 6 月第 1 版，定价 98 元。本书从浦东地区的地情民俗、历史人物、方言俗语、家族文化等角度入手，全景式地反映浦东地区江南文化的形成源流和精神内涵，展现了浦东物阜民丰、人杰地灵、开放包容、创新创业的文化特质。

浦东旧影（1972—1989）

徐金安著，中国摄影出版社 2021 年 11 月第 1 版，定价 198 元。

本书是浦东知名摄影家、川沙文化馆副研究馆员徐金安个人作品的精选图集，选录其在 1972—1989 年间拍摄的反映浦东产业发展、社会生活、风物景致、民风民俗等方方面面情况的代表作近 400 幅。照片均以黑白效果呈现，配以相关背景、事件的简要说明，其画面或宏大广阔，或精巧灵动，从不同角度反映了当时浦东这片热土人杰地灵、紧跟时代、孕育伟大变革动能的生动图景，展现了浦东人民勤劳勇敢的精神面貌，留存了珍贵的时代记忆。

浦东历史票证图录

包明伟、周敏法编著，上海远东出版社 2019 年 5 月第 1 版，定价 138 元。

票证是时代变迁和人民生活的缩影，也是地方文化的载体。本书选录浦东地区在"文化大革命"之前各历史时期形成的、各个领域为官方或民间所公认的具有法律效力的票证 500 多份，所选票证来自知名收藏家包明伟、周敏法、沈志君、邱国荣、童德根等的藏品，按内容分为八个门类：土地、田赋票证，盐业田单、灶课税票，毛巾业、袜业、酿酒业票证，交通运输票证，土地、房屋买卖契约，乐乡公墓票及其他票证，古镇老商号票证，证书、证章。第一手资料的原貌展示、富有历史纵深感的选材和编排，使得本书成为反映浦东政治、经济和人民生活变迁的一部文化宝典。

☐ 跟着档案看上海

上海市档案局（馆）编，同济大学出版社 2021 年 1 月第 1 版，定价 128 元。

本书是上海市档案局（馆）"跟着档案看上海"专题研究的阶段性成果，所收录的 14 篇文章分别反映上海最具代表性的 14 个地标区域，包括红色纪念地、历史文化名胜及改革开放后的城市新景观、"网红打卡点"。通过大量档案史料的挖掘、梳理和研究，精彩史传文章与 400 多幅珍贵图片相得益彰，本书深刻讲述了这些地标的"前世今生"，展现了上海城市历史文化的精华，传承了上海红色基因，是一部探索城市文化、触摸城市灵魂的创新之作。书中收录了浦东新区的两个著名地标——东方明珠电视塔、近代造船工业发祥地"船厂 1862"。

☐ 浦东三林镇历代碑刻传记选辑

上海市三林中学、上海市浦东新区三林镇文化服务中心、上海南园文化传播有限公司 2019 年 7 月编印。

为落实党的十八大以来党中央对重构新型城乡关系、人与自然关系的号召，加强青少年乡土历史文化教育，本书编写组和主编丁惠中以史料考证为基础，选取了反映三林镇历代人事物的碑文和传记，共计 78 篇，以及相关文献记载、人物介绍、史实小考、风物影像等，以展现三林镇自宋代始建以来千年历程中的人文风采。本书是三林中学校本课程资料之一，功能定位于高中语文课程教学文献资料，亦为乡土文化爱好者提供了"记得住乡愁"的读本。

江南水乡古镇
——新场

上海浦东新区新场镇人民政府、上海新场文化发展有限公司2021年5月编印。

新场镇具有1300余年厚重的历史文化底蕴，人文脉远，商埠繁盛，是上海地区古海盐文化和海派文化发展的见证，也是江南水乡古镇中稀有的滨海案例。2018年起，根据国家文物局、上海市政府部署，新场镇加入"江南水乡古镇联合申遗"阵营，助推打响上海文化品牌、保护传承浦东历史文脉。申遗过程中积累、梳理的史料经整合编撰后形成了这套丛书，旨在多角度、多维度地提炼、整合新场古镇的历史积淀和文化遗产特征，系统性展示新场古镇的文化内涵。

本丛书分为五个分册：

《千年盐都》从新场的历史发展文脉入手，解码其因盐而生、因盐而兴的发展密码，展现其在千年历史进程中文脉兴盛、名人辈出的人文盛景。

《历史建筑》对新场作为浦东地区不可移动文物保存最多的古镇这一特点进行了充分解读。目前古镇保留了共360余座、占地面积21公顷的历史建筑，其中市、区级文物保护单位各有2处、9处，文物保护点70处，堪称江南文化的顶级标本。

《非遗文化》展现了新场独具特色的制盐、种桃、琵琶演奏、木雕艺术、灶花制作、土布织造等"老手艺""老绝活"的魅力。

《院士故里》讲述了新场历史上培育出的名人志士生平事迹，从历史上的"科第两朝称盛"到近现代革命者的涌现，再到新中国成立后走出的"两院院士"。

《文创之美》展现了新场围绕创建"文创小镇"目标，将传统文化与时尚元素有机融合，打造都市慢生活和创意文化园、满足人民美好生活愿景的实践探索。

□ 周浦美术馆 2016 年鉴

浦东新区周浦美术馆 2016 年 12 月编印。

周浦美术馆于 2011 年 11 月建成开馆，是一家区域性的公益文化机构，多年来力求传承经典、开拓领域、打造独特的地方艺术品牌。2016 年，周浦美术馆成功举办了市级油画棒展览，设立了市美协油画棒创作基地，并成功举办了本地艺术家系列展的第一幕。本年鉴反映了这个有重要突破意义的年份里周浦美术馆的全面发展，分为概述、展览回顾、公共教育、学术研究、艺术交流、爱国主义教育基地、馆藏作品、获奖情况等部分，以丰富的图文资料，记载美术馆整体工作和重要事件。

□ 浦东新区南汇博物馆馆藏书画集

上海市浦东新区文物保护管理所、浦东新区南汇博物馆编，上海古籍出版社 2017 年 6 月第 1 版，定价 198 元。

浦东新区南汇博物馆原是反映原南汇地区历史变迁、文化遗存和地方民俗的地区性博物馆，经改建后于 2023 年 1 月重新开放，命名为浦东历史博物馆，成为反映新浦东全境历史文化及近代化历程的重要文化地标。馆内收藏有大量具有浦东特点的名家字画，并多次在本市及外省市文博场馆展出，获得良好反响。

书中选录馆藏中仇英、叶映榴、张照、冯金伯、王一亭、唐炼百、苏局仙等古今名家的 70 余件（套）名家字画，以图为主，配以作者生平和作品简要介绍，展现了浦东人文荟萃的深厚底蕴。本书既是便于专业人士精研的工具书，又是普通读者接受艺术熏陶的启蒙之作。

☐ 浦东绕龙灯

上海市文化广播影视管理局编著,上海人民出版社 2017 年 12 月第 1 版。本书是"上海市国家级非物质文化遗产代表性项目丛书"之一。

"绕龙灯"是旧时上海浦东民众对舞龙的俗称。三林舞龙作为一种集武术、舞蹈、民族鼓乐等为一体的传统文化项目,以其动作优美、场面热闹、生趣盎然而闻名于世。本书以图文并茂、通俗易懂的表现形式,讲述了浦东舞龙的历史渊源、主要特点、普及推广历程和历年重要活动,展现了浦东舞龙独特的审美魅力和文化内涵,对于促进浦东地区优秀传统文化传承发展具有积极意义。

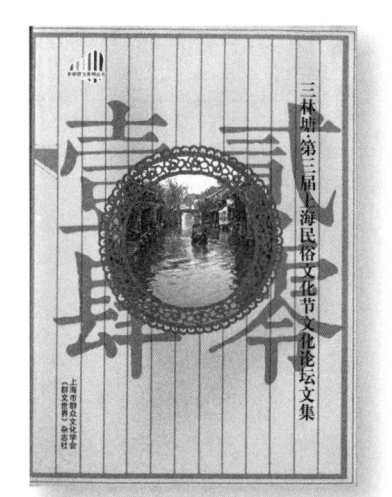

☐ 三林塘·第三届上海民俗文化节文化论坛文集

上海市群众文化学会、《群文世界》杂志社 2014 年 10 月编印。

一年一度的上海民俗文化节于 2012 年起开始举办,文化论坛作为其重要组成部分,围绕在现代化进程中如何保护与传承上海城市文脉、保护传统文化等问题进行探讨。本书汇编了"2014 年三林塘·第三届上海民俗文化节文化论坛"中形成的,来自民俗文化专家、古镇保护工作者、高校师生等的十余篇精彩文章,对于探索适合当前上海实际的民俗文化保护途径和模式具有积极意义。

"浦东图书馆专业治理系列丛书"由上海浦东图书馆编，丛书主编曹忠，上海辞书出版社分册出版。

这套丛书是浦东图书馆贯彻国家《公共图书馆法》，建设开放型、服务型、创新型现代公共图书馆理论与实践成果的总结，展示了浦东图书馆新馆落成10年来在优化资源结构、加强学术研究、打造公益学堂、促进文化交流等方面的经验和成果。

□ 书香致远正当时
——浦东地区图书馆创新实践风采录

施丽主编，2020年6月第1版，定价68元。本书精选40多个图书馆治理创新案例，涵盖了空间布局、资源建设、阅读活动、特色服务、治理体系、运营管理等领域，全面呈现了每项创新实践的背景、做法、效果、反思等内容。

□ 守正创新
——浦东图书馆规划实践重点项目总结报告

曹忠主编，2020年9月第1版，定价58元。本书是该馆"十三五"期间15个重点项目成果的总结汇编，贯穿了"内涵建设与发展"的理念，展示了"浦东图书馆人"5年来对图书馆布局规划、地方文献资源建设、阅读品牌打造与推广等创新工作的思考与实践。

☐ 图林书缘
——浦东图书馆同人文集

邹婉芬主编，2019年8月第1版，定价58元。本书汇集了"浦图"同仁与图书馆相识、相伴的成长故事，摹画了他们心目中的"浦图"形象，展现了馆员们在公共文化服务岗位上的甘苦经历、书海情缘，以及对"浦图"未来的畅想与展望。

☐ 坐在春天里
——我与浦东图书馆的专属记忆

王韧主编，2019年10月第1版，定价58元。本书选录了62位中外读者与"浦图"的情缘，记录了他们在"浦图"学习新知、结交朋友、获取灵感乃至实现人生新跨越的故事，展现了"浦图"与读者构建新型互动关系的美好图景。

丛书的四个分册各有特色，在一定程度上展现了一条新时代公共图书馆守正创新的发展之路、诠释了浦东文化体制机制改革先行者的定位。

浦东民谣

上海市浦东新区地方志办公室编，主编沈立新，分上下两卷，上海远东出版社2018年1月第1版，定价68元。

全书比较全面和完整地收集了浦东民间歌谣368首，资料的主要来源有《上海府县旧志丛书·川沙县卷》《一把芝麻》《上海浦东民间童谣选》《浦东老闲话》《浦东"哭嫁歌"》《祝桥民间文学》《祝桥童游》《新场非物质文化遗产（续集）》《源远流长》《浦东山歌》《浦东山歌曲集》及曹路、三林、大团等13个镇文化服务中心提供的有关材料。

上卷分为劳动歌、生活歌、习俗歌、风物歌四辑，下卷分为时令谣、情歌、童谣、哭嫁歌四辑。

图说浦东风俗

张建明、朱力生、潘水春著，文汇出版社2022年12月第1版，定价36元。

本书以画和诗来描绘浦东的一个个风俗，一个风俗搭配一幅写生式的素描和一首口语化的打油诗，形象生动，幽默风趣。

全书分为六大板块的浦东风俗及附录。第一板块"农事劳作"共收录划田、游地木、挑河泥等68个风俗，第二板块"撩鱼摸蟹"共收录抈黑鱼、竹笼扣鱼、车沟头等50个风俗，第三板块"百业手艺"共收录补缸甏、搭碗、撑水脚、剃头担等63个风俗，第四板块"吃穿住行"共收录砌灶头、做圆子、裹馄饨、踏咸菜、吃老酒等75个风俗，第五板块"文化娱乐"共收录浦东派琵琶、打莲湘、踏高跷等64个风俗，第六板块"婚丧喜庆"共收录话过门、吵新房、烧床祭、贴"天旺旺"等47个风俗；附录收录川沙风俗漫谈、川沙歌谣选和风俗志风俗。

☐ 浦东门厅文化

乔漪、袁文炯著，上海远东出版社 2018 年 5 月第 1 版，定价 118 元。

本书挑选了浦东范围内包括历史上隶属于南汇的召稼楼、陈行等地区 120 多个特点鲜明、资料较全的仪门为主要介绍对象，辅以照片，将这些仪门按照其所处镇的地理位置，以先南后北、从西往东的顺序排列。现属闵行的召稼楼、陈行等地区的仪门和沿江地区居民仪门排在后面。

本书收录的仪门介绍以外观阐述、门额文字的意义及居民相关背景介绍为重点，对于一些建造年代、地理位置、住户背景等俟考的仪门建筑作为附录内容列在最后。此外，附录中还罗列了一部分浦西老建筑的仪门照片，作为对浦东居民仪门的对比和补充。正文前附彩色仪门照片 16 张。

☐ 浦东家族文化
——家祠家谱家训人物著作

上海市浦东新区档案局（馆）编，主编许建军，上海书店出版社 2018 年 11 月第 1 版，定价 88 元。

本书以浦东历史上著名的家族祠堂、家谱家训、人物、著作为主要内容，反映了浦东特定历史时期经济繁荣、文化积淀、民智灵慧等方面的综合实力，是浦东优秀历史文化的重要组成部分。

全书分为五个章节，依次为家族之庙堂——宗祠、家族之史记——家谱、家族之精神——家训、家族之荣耀——主要历史人物、家族之文脉——家族著作。正文前附部分祠堂、家谱、门额等彩照若干。

☐ 浦东名观　崇福道院

张开华主编，华夏出版社2013年5月第1版，定价39.80元。

本书是"中国道教文化之旅丛书"之一，详细介绍了位于浦东新区三林镇的崇福道院。据民间传说和地方志记载，该道院始建于三国时期，原是东吴大将陆逊所建的家祠，后来成为道观。北宋时期，道观改祀真武为主神，并得到皇家的重视，宋徽宗赐额"崇福道院"。该观所祀之神众多，香火旺盛，在社区宗教文化中发挥重要作用。

全书分为七个部分，分别是浦东道教第一观、千年道院称"圣堂"、名人文物交辉映、玄天上帝显灵光、地方神仙香火旺、圣堂庙会动四方、道院文化活动多。

☐ 浦东文化遗产：不可移动文物

上海市浦东新区文物保护管理所编，上海古籍出版社2016年10月第1版，定价128元。

在2007年至2011年第三次全国文物普查工作中，浦东新区立足于区划调整后"大浦东"地域范围，共完成472处不可移动文物的调查，其中复查文物点305处、新发现文物点167处。本书选取当时全区已正式公布挂牌的138处文物保护单位及登记不可移动文物汇编成书，包括古文化遗址、名人故居（旧居）、重要历史事件地标、宗教场所等多种类型，以图为主，配以文字介绍其历史渊源、建筑特色和文物价值。本书具有存史、科普和文化传播的多重意义，对于浦东干部群众增强文化自信、在浦东开发开放事业中同步做好文物保护利用工作、传承发扬浦东历史文脉具有积极借鉴意义。

浦东非遗

上海市浦东新区政协学习和文史委员会 2015 年 7 月编印，主编张宏。

本书是《往事浦东》之三，主要介绍了那些古老的传统表演艺术、手工技艺绝活、民俗节庆活动等浦东人民从先民那里传承下来的非物质文化遗产，对它们的历史、现状、特色、传承人等做了简要概述。

全书分为国家级、市级、区级非遗保护项目和附录四个部分。国家级非遗项目包括铜锣书、浦东派琵琶、浦东说书、上海港码头号子等 8 个，市级非遗项目包括江南丝竹、浦东地区哭嫁歌和哭丧歌、鸟哨、卖盐茶、石雕、灶花、三林刺绣等 29 个，区级非遗项目包括沪剧、打莲花、龙潭竹篮、季家武术、三林本帮菜等 19 个。

上海绒绣

上海绒绣高桥传习所、上海理工大学继续教育学院联合编印。

上海绒绣是用特制的全羊毛绒线手工绣制在特制的全棉网眼布上，由无数颗粒状彩色的点子组合成画面的一种绣法和针法独特的绣艺。本书从绒绣的发展历程、艺术特色、制作技艺、保护与传承几个方面介绍了这门技艺。

全书分为上海绒绣的概况、制作技艺、保护与传承三个部分，附录部分为《上海绒绣艺术品赏析》《上海绒绣（浦东高桥）代表性传承人》和《上海绒绣（浦东高桥）大事记》，书中配有大量插图。

☐ 浦东碑刻资料选辑（修订本）

浦东新区档案馆、浦东新区党史地方志办公室编，上海古籍出版社 2015 年 6 月第 1 版，定价 198 元。

本书共选录了浦东地域范围内自宋代起至当代的代表性碑刻文献 280 篇，内容涉及浦东的人物、建置、宗教、教育、经济、建设等多方面。本书所录浦东碑刻在类型上，墓志、赞颂、文告、契券、造像记等体式趋于齐备，记功、赞颂、纪事、纪念、训谕、惩戒、昭示、标识等功能趋于齐全，可视作浦东各历史时期社会生活的缩影，展现了浦东历史文化积淀和社会发展轨迹。

全书按碑文形成的时间分为宋元、明代、清代、民国、现代五个部分。每篇碑文后均加"按语"，说明碑记出处、历史文献记载情况、存世碑刻保存情况、碑文布局和立碑、移碑、现存地点等。凡碑刻或拓本现存者，均随碑文附上图片。

☐ 浦东道教年鉴（2013—2017）

丁常云主编，上海三联书店 2022 年 2 月第 1 版，定价 120 元。

本书为浦东道教 2013—2017 年工作的全面总结，也是浦东道协和各道观主要工作足迹的真实记录，详细记载浦东道教所走过的工作历程和所取得的成绩、浦东道教宫观的恢复开放和发展过程、浦东道教与时俱进的足迹和服务社会的善举、浦东道教悠久的历史和灿烂的文化。

年鉴分为道协篇、宫观篇、新增道观、学术篇、附录和大事记六大部分。道协篇主要记载区道教协会主要活动、组织及章程，宫观篇包括 14 座宫观的概况（含两座新增道观），学术篇包括新书介绍、学术交流和论文，附录包括人物名录和其他组织。正文前附彩色照片 19 张。

崇通
——书法学术文论集

张坚著，上海远东出版社 2019 年 5 月第 1 版，定价 88 元。

本书由 100 首论书词、17 篇书学论文结集而成，旨在以增学养、强学理、优学术为着眼点，以探究性、思辨性、建设性为着力点，努力对书法美学范畴下的传统书法的传承、品评与发展进行讨论，以期在理论体系上体现建构性特点，在实践形式上体现创新价值。

全书分为理论方舟、教育薪火、史学星空、美学云塔 4 个部分。书前附彩色图片 20 张，书后附《论书词百阕索引》。

泮水钟英
——上海市洋泾中学文史资料选集

上海市洋泾中学校史馆编印。

洋泾中学是浦东最早的市立学校、上海第一批市重点中学，在百年党史上为浦东、上海的革命、建设、改革开放作出了不凡的贡献。在 2015 年 10 月庆祝建校 85 周年之际，学校组织编撰了反映校史历程、校园文化和师生菁英的资料集，2020 年 10 月又推出第二卷（续编）。

选集第一卷分为学府滥觞、百年学宗和邦国才俊 3 个部分，全面记述洋泾中学历史上代表性的人、物、事，收录了陈鲤庭、陈志良、陈歌辛、樊翔、连柏生、高克继等 11 位历届著名教师和顾正均、章大鸿、周士谔、李明、孙锡宠等 13 位知名校友的故事，并附校歌和历代校名题字。第二卷的篇章结构与第一卷相同，内容上在第一卷基础上进行补遗和拓展，讲述了"洋泾"溯源、校图书馆、广播站、地震测报站等文化设施建设、对外交流援建故事，增补了 14 位历届教师和 25 位历届校友的故事，并附洋泾中学校史馆馆藏历代校徽和纪念章、学校改扩建项目效果图。

□ 修德·善学
——上海市浦东新区第二中心小学建校130周年

上海市浦东新区第二中心小学 2019 年编印。

浦东新区第二中心小学由裴大中先生创办于 1889 年，著名教育家黄炎培任首届校董，是浦东新区义务教育阶段名校，原名"杨家渡小学"，1993 年更名为"浦东新区第二中心小学"。本纪念册涵盖了校史、办学概况、师生风采等，配以大量照片资料和简要的文字说明。

本纪念册分为历史传承、学校简介、办学概况、学校课程、学生活动、教师成长六个板块。

□ 桃李芬芳
——上海南汇中学 90 周年校庆纪念

上海南汇中学 2017 年编印。

上海南汇中学创办于 1927 年，前身为县立"南汇女子初级中学"，2007 年 4 月被命名为"上海市实验性示范性高中"。本纪念册以丰富的照片资料和简明概括的文字向读者介绍了南汇中学的发展历史，展现了优良的校风和办学特色，也体现了师生们蓬勃向上的风采。

本纪念册分为源远流长、薪火相传、九秩荣光、汇善汇美、雪莲绽放、桃李芬芳、展望未来七个板块。

傅雷家书全编（1954～1966）

傅敏编，江苏文艺出版社2014年5月第1版，定价99元。

本书收录著名翻译家、文艺及美术评论家傅雷（1908～1966）与其夫人朱梅馥257封家书，并附多幅照片和手迹，由傅雷次子傅敏编定。与此前编选的各版傅雷家书相比，本书是最完整、最丰满且最具家常和真实感的一部，贯穿着"赤子之心"的主线，具体、细微、全面地展示了傅雷坦荡正直、刚毅清白的家风，也呈现出傅雷教育思想中东西方文化融合的底色。

陆家嘴与上海文化
——上海陆氏家族文化研究

朱丽霞、周庆贵、薛欣欣著，上海人民出版社、上海书店出版社2021年11月第1版，定价72元。

本书为"江南文化研究"丛书之一，是研究明清时期上海地区陆氏家族文化的专著。陆家嘴因明代上海陆氏聚族而居而得名。陆深是陆氏最成功的家族成员，是贯穿明中叶前后学术和思想的重要人物；陆楫的消费学说成为中国经济学的重要内容，他的"华夷论"为今日人类命运共同体的发展提供了理论支撑；陆锡熊与纪昀一起主纂《四库全书》，其史学成就引人瞩目。上海陆氏是贯穿明清两朝的江南望族，也是最有时代感的豪门大户，其家族文化成为江南文化的典范，在许多领域直接影响了江南文化的发展。

☐ 浦东图书馆年鉴

浦东新区图书馆年鉴编纂委员会编，当代文化艺术出版社 2016 年 12 月第 1 版，定价 100 元。

本年鉴共 3 册，分别为《浦东图书馆年鉴（2010—2011）》《浦东图书馆年鉴（2012—2013）》《浦东图书馆年鉴（2014—2015）》，是全面记述浦东图书馆保存人类文化遗产、开发智力资源、开展社会教育、传递科学情报等社会服务性质的资料性工具书。

卷首设置编纂人员名录、地理位置图、凡例、弁文、特载、综述等，在卷尾设置索引，中间的内容按照年度，采用照片集锦、栏目、分目、条目四个层次展开叙述，条目为主要的信息载体和基本的撰稿形式。其中，各栏目以党支部、行政业务部门划分，分目记述部门职责、年度总结及工作任务，条目记述工作情况，便于年度间情况的相互比较。

☐ 浦东新区档案业务手册

上海市浦东新区档案局 2015 年 12 月编印。

为适应新形势、新条件、新观念、新业态的新要求，完善档案工作各项制度更好地服务于档案工作收集齐全、整理规范、保管安全、有效利用的工作目标，全面提升新形势下档案管理人员的基本操作技能以及信息管理的能力，浦东新区档案局结合本区实际，在梳理、修订一批适应时代发展要求的答案管理业务规范基础上，编制了本手册。

本手册由基础知识、操作指南、检索与编研、附录四个部分组成，包括档案工作基础设施、基本内容要求，九大门类档案归档要求与操作规范，全宗卷、全宗介绍、组织沿革、大事记等档案编研工作规范要求，以及部分档案规章、规范性文件与技术标准。

浦东新书录（2002.12—2013.2）

上海市浦东新区档案馆编，上海社会科学院出版社 2013 年 5 月第 1 版，定价 52 元。

本书为 2002 年上海浦东新区档案馆编《浦东新书录》一书的接续之作，旨在通过汇集 10 年来有关浦东的各类书籍资料，全景式展示浦东地域发生的深刻变化和浦东人海纳百川、开拓进取的精神风貌，为浦东文化建设和浦东研究积累素材，为社会各界人士提供一条快速、全面了解浦东历史和现状的途径。收录范围涉及反映浦东开发开放建设进程和成就的各种图书资料，包括公开出版发行、内部发行及内部编印 3 种。本书按照形式和内容相结合的原则，参考中国图书馆图书分类法，共分八类，包括综合、经济·贸易、城乡建设、世博、政治·法律·社会、文化·科学·教育·卫生、文学·艺术、历史·地理。

宋庆龄论教育

中国宋庆龄基金会编，人民教育出版社 2016 年第 1 版，定价 58 元。

宋庆龄是著名的爱国主义、民主主义、国际主义和共产主义战士，国际上公认的"20 世纪最伟大的女性之一"。关心儿童成长、重视儿童教育，是她一生思想和业绩的重要组成部分。她将自己丰富的教育思想付诸实践，领导和发展了我国儿童教育事业。

本书按照写作的时间顺序编入宋庆龄论述教育的文章、题词、讲话、书信等 223 篇。为了突出主题并方便读者，该书对于绝大多数文章采取摘录方式。这是一本少年儿童教育工作者的教科书，将为当前教育工作的改进提供重要的指导。本书书名由时任中国宋庆龄基金会主席胡启立同志题写。

☐ 波涛拍岸

陆绍明主编，上海市浦东新区莲溪文学协会2014年6月编印。

《波涛拍岸》分上下两卷，隶属于21世纪《春竹》文库、中国浦东乡土文学文集第十二卷小说专辑，其中，《春竹》为浦东北蔡民间人士陆绍明创办的乡土文学季刊，获评浦东新区"历史悠久刊物"。上卷主要由10篇中篇小说和17篇微型小说组成，下卷主要由46篇短篇小说组成，填补了浦东这块热土上乡土文学小说史上的空白。两卷本内容丰富，形式多样，有强烈的生活气息和时代特色，为雅俗共赏的中国特色社会主义乡土文学之路开辟了一条正确的前进之途。

☐ 傅雷家风家教

王树华主编，上海远东出版社2016年10月第1版，定价58元。

傅雷是著名文学翻译家、作家、教育家、美术评论家。本书作为对傅雷先生的纪念及其精神的弘扬之作，凝聚傅雷后人、学者、读者对傅雷人品文品多篇缅怀、研究、体悟文章为一体，从多个侧面阐释了傅雷先生的为人为文及家风家教。本书内容翔实，情感真挚，所涉广泛，既是对傅雷忆念和研究成果的集中展现，也为众多的读者走近和追思傅雷先生，提供了难得的第一手资料，价值和意义不言而喻。

本书分为高尚人格的传承和"我心中的傅雷"获奖征文两个部分。

☐ 傅雷启思录

傅雷著，傅敏编，上海远东出版社2016年10月第1版，定价26元。

本书共选录了长短500余条语录，其中一半以上选自傅雷给傅聪的家信，1/4选自傅雷生前的著述，另外有1/5选自傅雷给他人的信函。内容非常丰富，大致分为人生、艺术、文学、音乐、美术、翻译和教育等部分。

☐ 高桥绝响

背负著，上海书店出版社2018年11月第1版，定价39元。

背负，原名刘小春，四川阆中人，上海市浦东作协会员。本书是著者在情感孤旅里把自己的视点和触角精密深插到人文的原点的作品。高桥和著者的故乡阆中都是千年历史文化之地，著者以此视点和触角，结合高桥镇的人文历史，自2016年2月以来，从人物故事、历史建筑、民风民俗、乡愁等方面进行写作。原乡和他乡相得益彰地助推了背负血统里的人文情怀，使著者在一年多的时间里创作出大量反映高桥人文内蕴主题的文章。本书的文字特色是"精细准确诗意唯美"。

☐ 华文雅藏

沈志君、张今昌主编，2019年8月印。

本书根据川沙收藏协会、浦东八友古陶瓷研究会一群有理想、有专长、愿为保护地方文化遗产贡献绵薄之力的浦东本土收藏家几十年来的收藏经历汇编而成，共分两大部分，一是近几年收藏协会组织活动的照片，二是22位收藏者的个人收藏简历和个人藏品介绍。

☐ 黄炎培序跋选

许芳编著，上海远东出版社2020年12月第1版，定价88元。

黄炎培先生不仅是一位伟大的爱国主义者、杰出的教育家、社会活动家，也是一位著名的藏书家和图书馆学家。他一生著作等身，与图书报刊结下了不解之缘，撰写了众多的序言跋语。

本书收录黄炎培先生所撰的序跋文107篇，所收序跋或发刊词，自1908年至1964年，其涉及的内容十分宽泛，政治、经济、社会、历史、教育等，附录为黄炎培先生联语选。

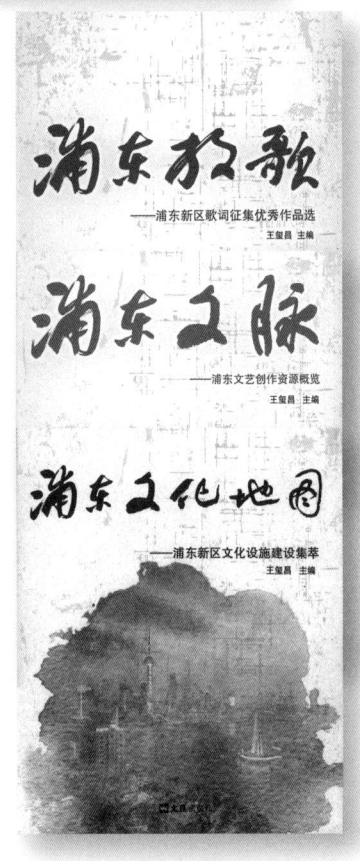

☐ **三林塘时光**

陈勤建主编，华东师范大学出版社2015年10月第1版，全8册，定价160元。

本书以历史为轴，深入浅出地向读者呈现了一个传承不息、特色鲜明的民俗三林。以日常生活里的民俗细节为视角，研磨孕育在三林人衣食住行、言谈举止中的文化基因，展现了一个鲜活的"原味三林"，并重点关注独具特色的当地民俗节日，通过溯源历史、对比他乡和展望未来来表现三林节俗的丰富多彩。共由"春""夏""秋""冬""祭祖""七夕·中秋""元宵·端午""三林庙会·城隍出巡"8本分册构成。

☐ **浦东放歌**
——浦东新区歌词征集优秀作品选
☐ **浦东文脉**
——浦东文艺创作资源概览
☐ **浦东文化地图**
——浦东新区文化设施建设集萃

王玺昌主编，文汇出版社2012年10月第1版。

"文化浦东丛书"是一部全面梳理和研究浦东现有非物质文化遗产、展示一批优秀群文作品的丛书，既展现了浦东深厚的历史文化底蕴，又贴近新时代的多彩生活，具有较强的可读性和文史价值，全8册。其中，《浦东放歌——浦东新区歌词征集优秀作品选》记载了百余首讴歌浦东巨变的优秀歌曲；《浦东文脉——浦东文艺创作资源概览》展现浦东文艺创作的历史、现状和展望，并附载浦东重要历史事件、知名人物、民风民俗、地貌景观等内容；《浦东文化地图——浦东新区文化设施建设集萃》记述了119处浦东重要文化地标的历史渊源和功能特点，所载地标包括博物馆、图书馆、风景名胜区、非遗传习机构、名人故居、群文场馆、社区文化服务中心等类型。

浦东新区社区教育丛书

本系列图书是浦东新区社区学院组织编写的，从不同视角反映了浦东的乡土地情、民俗特色，在浦东走向现代化、城市化过程中留存丰富的历史文化积淀，展现了人文浦东、宜居浦东的风貌。

《走进新川沙》由浦东新区社区学院组织编写，属于丛书中的文化涵养系列，柏玥萍编著，上海社会科学院出版社 2013 年 12 月第 1 版，定价 28 元，全书分川沙与新川沙、新川沙"古事"、新川沙"今"韵、新川沙"未来"四个部分；《浦东山歌》由张江镇社区学校组织编写，属于丛书中的休闲技艺系列，奚保国编著，上海社会科学院出版社 2012 年 11 月第 1 版，定价 22 元，全书分浅说山歌、浦东山歌的形成和发展、浦东山歌的类型等九个部分。

川沙新镇社区教育丛书

浦东新区川沙新镇六灶社区教育中心编印。

本丛书是一套近似连环画形式，充满"土"味、简易通俗的地情文化丛书，包含三个分册，通过对历史上浦东人民赖以安身立命的农业生产活动的描写，诙谐生动地反映了浦东传统农业的特点和演变，也折射出浦东劳动人民勤于耕耘、善用资源的生存智慧，适合社区居民和青少年读者作为乡土读物。书中资料均是根据绘编者所见所闻的记忆并结合民间采集资料而成。其中，《浦东农事史韵图文集》以粮食生产为主体内容，描述了每项农事活动的含义、操作和所用工具，《家庭养殖狩猎图文集》描写了牛、猪、羊、鸡鸭等畜禽养殖的情况，《水乡渔夫捕鱼录》描写了各种鱼类、虾蟹等的捕捞情况。

□ 问道

张伟著，上海远东出版社 2013 年 10 月第 1 版，定价 50 元。

浦东图书馆在新世纪第 2 个 10 年以来，在时任馆长张伟的领导下，秉承"大开放、大讲堂、大协作"的理念，走出了一条从区域性传统图书馆到在全国具有较高显示度的现代图书馆的跨越之路，教育功能和社会价值日益凸显。本书汇编了张伟馆长从事图书馆工作以来的精品文稿和演讲录 42 篇，并附相关的媒体报道，从中反映出其对于图书馆发展的深刻思考和实践探索，展现出浦东图情工作者睿智大气、坚定自信、不懈探索、勇于改革的时代风采。

□ 创新·发展
——塘桥社区文化活动中心 2012 年年鉴

塘桥社区文化活动中心编印。

本书从四个方面全面、翔实地记录了塘桥社区文化活动中心坚持为人民服务、为社会主义服务的方向，坚持百花齐放、百家争鸣的方针，坚持贴近实际、贴近生活、贴近群众的原则，以科学发展为主题，以建设社会主义核心价值体系为根本任务，以满足人民精神文化需求为出发点和落脚点，以改革创新为动力，努力推进社区文化的发展大繁荣的创新发展足迹，真实反映了了塘桥社区文化工作者的精神面貌和投身社区文化建设的热情。

金色梧桐　杏坛风范

华东师范大学张江实验中学、张江实验中学校友联谊会 2017 年 12 月编印。

本书是张江中学校友联谊会"金色梧桐　杏坛风范"征文活动优秀作品的汇编，是对老校长姚金梧辛勤耕耘张江中学 10 多年的回顾与总结。本书汇集了历届校友师生和同事与姚校长共处时的回忆文章，展现了姚校长坚定贯彻党的教育方针，秉持全面发展育人理念，为张江中学发展壮大奠定扎实基础、奏响华彩乐章的生动历程。本书不仅是一部回忆文集，更是一部有借鉴意义的"受人民群众欢迎优质学校养成指南"。

浦东非物质文化遗产代表性传承人

上海市浦东新区文化艺术指导中心编，上海社会科学院出版社 2018 年 12 月第 1 版，定价 186 元。

本书是"浦东新区文化遗产系列丛书"之一，收录了自国家开展非物质文化遗产普查和评定工作以来，2005—2018 年间命名的共 133 位浦东新区国家级、上海市级、浦东新区级非物质文化遗产代表性项目代表性传承人，项目内容涵盖民间文学、传统音乐、传统舞蹈、戏剧曲艺、传统体育、游艺杂技、传统美术、传统医药等诸多领域。每人配以人物小传、代表项目介绍及本人实践经历、传承推广事迹等内容。

□ 浦东新区成人教育纪实（1990—2010）

姚天德著，天马出版有限公司 2018 年 10 月出版，定价 35 元。

本书见证了浦东新区 20 年成人教育改革发展的历程。从"面""线""点"着手，书中内容覆盖面广，脉络清晰，典型突出，数据翔实。从面上看，本书分列成人教育中的学历教育和非学历教育，涵盖了成人的初、中、高等教育和乡镇成人教育、社区教育、企业教育、老年教育等，以及"燎原计划项目培训"、绿色证书教育、村民教育等，充分体现了成人教育的丰富性、广泛性、多样性和实效性；从线上看，本书真实反映各类成人教育改革发展的轨迹，突出了各个时期各个阶段发展的重点、亮点和特色；从点上看，本书精选了典型事例，还撰写了成人教育的机构变化、社团建设、科研成果等，展示了这一时期浦东新区成人教育发展的新突破、新成就。

□ 邱仲英中医集成

邱仲英著，天马出版有限公司 2014 年 3 月出版；定价 68 元。

邱仲英，上海川沙人，早年毕业于东南大学医学院，是位有 70 年临床经验、退休于浦东新区人民医院的老中医，主攻生殖医学、内科杂症。邱老为人儒雅，是铁沙诗社成员，为"铁沙三老"之一，也是民革、侨联成员。

本书是邱仲英老先生于 92 岁高龄之际，将自己多年关于中医的论述和科普作品集册刊发的。全书分为剖析中医、中医改革之路、中医治癌总论、中医治疗妇女不孕症四步法、生命之源、人生之路、枫林拾锦及附录等部分。

☐ 邱仲英诗文集

邱仲英著，天马出版有限公司2014年2月第1版，定价48元。

本书是邱仲英先生的诗词散文集结出版。作者既长古体诗又喜新体诗，其古体诗融写景、叙事、抒情于一体，着笔简洁，线条清晰，清新自然；新体诗大部分词作是咏唱之作。书中文章也是医寓随笔，思路清晰，叙事条理，言简意赅，寓教于文，发人深省。

☐ 特色学校创建在浦东的探索

王晓科主编，上海三联书店2013年2月第1版，定价62元。

本书是一本记载浦东开发开放后从幼儿园到高中办学发展的"纪实性"缩影本，也是一册展现不同学段办学特色的"多样化"经典本。本书收集了从2002年至2012年12月在《文汇报》上发表的报道和《教育专题》专栏上的文章，包括从幼儿园到小学、初中、高中以及职校的探索内容。本书分为"办学方略""文化立校""教改魔方""课堂新苑""师资哺育""德育天地""艺术舞池""体育阳光""成长空间"和"家校互动"等主题。

▢ 学做智慧型校长

蔡忠铭著，上海教育出版社 2012 年 5 月第 1 版，定价 26 元。

蔡忠铭是上海市特级校长，1980 年踏上教育工作岗位，先后担任红卫小学、浦东新区龚路小学校长。

本书是蔡忠铭校长 20 多年工作的经验与总结，折射出他对教育事业的热爱和执着，直面挑战、勇于改革、与时俱进、追求卓越、勤于反思、注重引领等"智慧型校长"的突出品格和养成要素。

▢ 祝桥哭歌

祝桥镇文化服务中心 2012 年编印，主编叶竹青。

本书主要收集了祝桥地区千百年来传承的哭嫁歌、哭丧歌，其中哭嫁歌、哭丧歌共 85 首。哭嫁、哭丧是祝桥习俗民歌中的一种礼仪歌，已经被列为上海市非物质文化遗产保护名录。哭歌是一种最直接宣泄人们感情的声情并茂的表现形式，早年女儿出嫁要唱出嫁歌，丧事人家则把哭丧作为致哀的重要礼仪。本书所收集的哭歌材料皆由原籍或居住于祝桥的乡民提供，多用方言土语。

全书由专论、哭嫁歌、哭丧歌三部分组成。专论就哭歌产生的背景、分类、特点进行论述；哭嫁歌一共收录 22 首；哭丧歌分为散哭、经、套头三大类，一共收录 63 首。

黄炎培教育论著选

田正平、李笑贤编，人民教育出版社 2018 年 1 月第 1 版，定价 48 元。

本书收录黄炎培重要教育论著 131 篇，起自 1907 年，迄于 1949 年。内容包括论文、演讲、书信、报告、序跋、诗歌、日记，以及部分篇幅较长著作的节录，大致涵盖了黄炎培一生教育活动的各个领域，反映了他主要的教育观点及其教育思想形成、演变、发展的脉络，体现了他在中国近现代教育史上的地位与贡献。本书对于教育研究者，特别是中国教育史、职业教育研究者有重要的参考价值。

本书篇目均以写作（或演讲）时间先后为序，如无写作时间，则依发表（或出版）时间先后排列。

黄炎培与浦东中学

倪瑞明著，上海教育出版社 2020 年 5 月第 1 版，定价 48 元。

本书是对校史研究颇有心得的浦东中学校长倪瑞明广泛查找史料、潜心探究编撰而成，通过追寻黄炎培的成长过程和革命征程，探寻他与浦东中学之间的渊源，也借此管窥黄炎培的教育思想和改革实践，展现其在 20 世纪早期对于浦东地区基础教育所作出的杰出贡献，以及后来形成并发展职业教育思想的基础缘由。全书包括"兴学振邦，铁肩担当——'匹夫有责'的教育情怀""聚力办学，浦东滥觞——'勤朴'为魂的智慧实践""广聘名宿，大师学堂——'精英云集'的讲坛气象""体艺筑品，泽润学养——'气质为上'的育人模式""普实并重，助力永长——'注重生涯'的学程建构""优质学府，近代榜样——'君子辈出'的显赫成效""开创实教，海派流芳——筑基'实'教育大师思想"等内容。

浦东往事

顾绍耕绘制，2020年9月印刷。

顾绍耕同志是土生土长的康桥人，曾担任过大队党支部书记、公社党委书记、乡党委书记，后进入原南汇区政府机关任职。著者工作闲暇之余笔耕不辍，本书是其独立创作的书画作品集合，历时6年有余，将70余年来耳闻目睹、亲身经历的浦东村风乡俗、生产方式、生活习惯等，通过图画配诗和文字说明，一一画出，娓娓道来。

这潮那汐
——浦东江海文化集

上海市浦东新区政协文化文史和学习委员会编，主编金卫国，文汇出版社2023年1月第1版，定价58元。本书是"第七届浦东新区政协文史丛书"之一。

本书系统地追溯、梳理、阐发千百年来浦东江海文化的特色，分为华丽转身天际线、源远流长航运线、无限未来海岸线三大部分，收录了资深文史研究者、档案工作者、新闻工作者的佳作24篇。全书从不同视角，用大气生动的笔触，展现了浦东成陆缘起、捍海筑塘、早期开发、跨江梦想、兴修水利、发展航运、走向世界等一幅幅波澜壮阔的历史画卷，颂扬浦东人民勤劳坚韧、勇立潮头的精神气质，在奋力打造社会主义现代化引领区"王牌"的当下，予人以深厚的历史观照与激扬的现实思考。

☐ "洋泾港"
——洋泾航运与中国古船文化

上海市浦东新区洋泾街道办事处2013年12月编印。

浦东洋泾地区具有深厚的历史文化底蕴，其特有的航运文化更是浦东文明史的重要组成部分之一。从小木船、小舢板、小渔船到沙船、漕船、摆渡船，洋泾港在700余年历史中发展成为浦东中西部连通黄浦江和市区的重要港口，为上海开埠兴市后贸易运输的发展发挥了重要作用。本书以简练通俗的语言、图文并茂的方式，记述洋泾航运发展史，并结合我国博大精深的古船文化进行研究阐述，对于传承洋泾乡土历史、弘扬航运文化、增强公民的航海海防知识都具有积极意义。

☐ 浦东傅雷研究

上海市浦东新区政协学习和文史委员会等编，主编柴志光，上海社会科学院出版社2012年11月第1版，定价42元。

本书是浦东地方史志专家对傅雷生平、家世、作品、书信、精神等各个方面研究性文章的汇集，突出史料性，兼顾学术研究性。

傅雷出生于江苏松江府南汇县渔潭西傅家宅（今上海市浦东新区航头镇王楼村五组），是我国著名的文学翻译家，一生翻译世界文学名著约500万字，是作家、教育家、美术评论家，是中国民主促进会的重要缔造者之一。傅雷的家书更是对青少年进行家教的必读之书，本书是浦东人民发扬傅雷精神、推动浦东文化繁荣发展的一项具体实践。

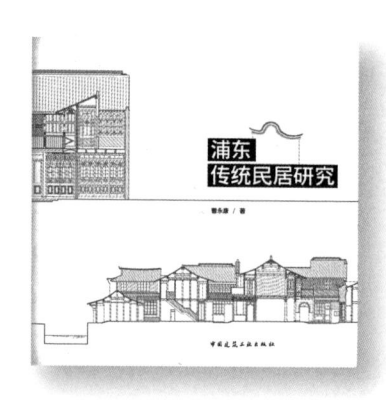

☐ 上海史志人物风俗丛稿

顾炳权著，上海书店出版社 2018 年 1 月第 1 版，定价 48 元。

作者顾炳权（1936—1999），浦东知名的文史学者、藏书家，川沙县龚路镇（今浦东新区曹路镇）人，在地方历史、历代竹枝词、茶文化等方面颇具造诣。他将自己大部分著作、藏书慷慨捐赠给浦东新区档案馆。

本书收录了顾炳权先生生前在各种杂志刊物上发表的一批富有见地的史志论文，包括浦东学派、地方志书、浦东开发、风俗艺文、史事人物五个方面的论文，同时收录了他 1983 至 1997 年间与各方友人关于学术研究方面的部分信件，该书的出版为地方史志的研究与推动提供一定价值的参考。

☐ 浦东传统民居研究

曹永康著，中国建筑工业出版社 2019 年 11 月第 1 版，定价 298 元。

本书是作者在对浦东传统民居的发展背景、沿革特征、保存现状进行研究的基础上，从负责修缮设计和调查测绘过的浦东传统民居项目中，择取了 50 个具有重要价值和代表性的民居建筑，其中包括浦东新区唯一一处全国重点文物保护单位——张闻天故居，以及上海市文物保护单位黄炎培故居、陈桂春住宅等。书中对 50 处传统民居的历史沿革、布局方式、功能形制、结构建造、装饰风格等要素进行考察和实录，每处传统民居都配以测绘图纸和精美图片，所录内容成为近代上海建筑史尤其是民居研究的主要参考资料。

本书分为历史沿革、建筑特征、保存现状、保护工作、现存实例等五部分。

□ "医"心向党，奋进有我
——浦东新区卫生健康系统"献礼二十大"党建工作成果集

浦东新区卫生健康工作党委2022年编印。

中国共产党成立101周年、党的二十大即将召开之际，浦东新区卫生健康工作党委在系统内组织开展"'医'心向党 共产党员在行动——献礼二十大"党建文化主题活动，充分展现全区医务工作者围绕浦东"引领区"奋斗目标，践行"人民至上、生命至上"理念，为提高人民健康水平和维护城市有序运行不懈努力的时代风采，激发坚定不移跟党走、矢志奋斗新时代的真挚情怀，凝聚奋勇争先、干事创业的磅礴力量。

"成果集"分为上下两册，上册《基石固本》篇，集中展示新区卫生健康工作党委强化顶层设计、夯实制度建设形成的有关指导性文件和文稿样本；下册《匠心引路》篇，展示新区卫生健康系统党建文化主题系列活动和基层单位党组织党建工作创新实践的成果。

□ 逆行天使 战疫先锋
——浦东新区卫生健康系统"战疫"撷影

浦东新区卫生健康工作党委2021年4月编印。

在2020年新冠疫情期间，浦东新区卫生健康系统227个基层党组织、4800多名党员、2.3万名医务人员响应党中央号召，不畏艰险、逆行出征，日夜奋战在守护人民健康安全的第一线。本书取材于全区各级医疗机构、广大医务人员摄录的"战疫"工作场景，真实记录了白衣战士在援鄂前线、隔离管控、社区哨点、数据监测等各个"战场"上奔波奋战、无私奉献的身影，为全区卫生健康系统留下了珍贵的"战疫"集体记忆。

☐ 同心抗疫　有你有我
——周浦医院抗疫图文集锦

中共上海市浦东新区周浦医院委员会2020年12月编印。

图册反映了2020年新冠疫情期间，周浦医院充分发挥基层党组织战斗堡垒作用，迅速行动，周密部署，科学有效开展疫情防控工作的情况，记录了全院医护人员白衣执甲、逆行出征、冲锋直前，全力守护人民群众生命和健康的感人故事。图册内容源自医院员工的真实经历和感想体会，用文字、图片、绘画等多种形式记录抗疫心声，传递温暖力量，抒发大爱情怀，讴歌伟大抗疫精神。

☐ 仁心仁术
——浦东中医故事

范金成、吴晓晖、郁东海主编，上海科学技术出版社2017年9月第1版，定价50元。

人杰地灵、文脉兴盛的浦东有着深厚的中医药文化传统，历代先民的积累，中原士绅和知识分子南迁带来的融合，近代以来浦东乡贤和医界精英的学贯中西，推动浦东中医药学在传承中不断创新发展。为展现浦东中医药史发展脉络，弘扬医家的感人事迹和高尚精神，本书编委会发动史志、医药、教育、社区等部门的力量，广为收集史料，编撰形成本书。全书围绕浦东中医药史上涌现出的50位代表人物，从其学术思想、行医经历、医学贡献或传说典故等不同角度，构建起浦东中医药学发端、兴盛和革故鼎新的基本脉络，展现了浦东中医人厚德载物、医道精诚的人文精神。

浦东新区卫生科技成果汇编

浦东新区卫生局、浦东新区卫生发展研究院、浦东新区卫生技术培训中心编印，按年立册，2012至2019年共8册。

每年册分四大部分，第一部分收录浦东新区卫健委立项或资助的科研项目简介，第二部分收录浦东新区卫健委（2012年为卫生局、2013—2018年为卫计委）委属单位在国内外期刊公开发表的论文目录（2012—2014年收录了部分SCI高影响因子的论文全文），第三部分收录卫健委和卫生技术培训中心下发的科教相关文件，第四部分收录浦东新区各卫生单位的科教成果统计的汇总情况。个别年册略有微调。

五、文化·科学·教育·卫生

媒体看浦东卫生健康

浦东新区卫生健康委员会编印，按年立册，2018至2022年共5册。

2018年以来，浦东新区卫生健康系统深入贯彻落实党的十九大、党的二十大精神，积极落实"健康中国"战略，在推动公立医院高质量发展、预防控制重大疾病、推动优生优育与人口监测、推行便捷就医数字化转型等方面，均取得显著成绩，使人民群众享受到更便捷、更优质、更高效的医疗卫生服务。其间，重要成就、典型案例获得媒体的高频次报道。《媒体看浦东卫生健康》按年度汇编《解放日报》《文汇报》等传统媒体以及"学习强国""人民网""新华网"等政务新媒体刊发的浦东卫生健康工作报道原文，从中提炼出近年来浦东卫生健康事业发展的脉络，展现了新时代浦东医务工作者逐梦奋进、倾情奉献的精神风貌。

浦东中医史略

许芳编著，上海远东出版社2019年4月第1版，定价188元。

本书展现了自宋元以来至新中国成立初期，浦东地域中医药的历史发展变迁和成果，收录内容以历代和现代地方志书和专业志书中所载的中医史料为主。全书以中医人物和中草药堂为重心，共收录浦东中医人物1000余人，中草药堂360余家，是一部实录性的浦东中医药专题史料汇编。

全书正文分为六个部分，分别是浦东中医人物、浦东中草药堂、浦东中医著作、浦东中医医案医方、浦东地区中药材和浦东中医团体与机构。附录部分包括浦东历代著作中有关中医史料选录、1949年后出版的浦东中医著作选介、浦东世传中医简表（部分）和人物索引。

浦东新区卫生发展报告（2012—2021）

上海市浦东新区卫生健康委员会、上海市浦东新区卫生发展研究院编，按年立册，上海科学技术出版社至2022年底共出版10册，每册定价98元。

报告是基于区划调整后"大浦东"的概念、选材于区域范围内的市属/部属三级医疗机构编写而成的行业编年史，全面反映了党的十八大以来浦东新区医疗卫生事业的发展轨迹和工作亮点。10年来，报告不断深化"医疗卫生体制改革"这一核心主题的研究讨探讨，围绕卫生行政审批制度改革、公立医院高质量发展、社区卫生资源建设、医疗联合体建设、中医药健康服务、疾病预防监测、计生服务、卫生健康领域数字化转型、重点亚专科和新兴交叉学科建设等行业重点热点问题，展示规划计划、重要举措、改革实践及研究成果，从而展现了浦东医疗卫生事业深耕专研、锐意改革，为满足人民群众的美好生活需要而努力奋斗的行业风采。

六、文学·艺术

☐ 行走浦东
——历史人文寻踪散记

陈连官著，上海文艺出版社 2018 年 11 月第 1 版，定价 58 元。

本书是浦东籍作家陈连官多年来为浦东而歌的一本历史纪实散文集。所收录的 80 余篇文章，文字优美，气象雅致，特色鲜明，内容包含了浦东的著名地标、文化遗存、名人往事，将历史的厚重宏阔与散文的灵动优美有机结合，给读者带来浦东历史画面和现实图景的生动展现，充满画意，洋溢诗情，蕴含深思，是一部以文学手法记录历史、礼赞浦东的成功佳作。

☐ 中国民间故事丛书·上海·浦东新区卷
☐ 中国民间故事丛书·上海·南汇卷

中国民间文艺家协会编，知识产权出版社于 2016 年出版。两书的"浦东新区""南汇"均指 2009 年浦东区划调整前的地域范围。千百年来浦东、南汇人民随着浦东地区逐步成陆的步伐繁衍生息，春耕夏作，诗书传家，保境抗倭，在认识和改造自然、构建社会秩序、追求美好生活的过程中，留下了大量脍炙人口的民间故事，反映出浦东人民勤劳智慧、视野开阔、富于想象力和创造力的精神特质。作为中国民间文化遗产抢救工程重点项目之一的"中国民间故事丛书"，将其列入上海市各区分卷。

"上海浦东新区卷"主编陈伟忠，2016 年 7 月第 1 版，定价 98 元。分上下两册，收录了民间故事家整理采写的历代浦东民间故事 200 余篇，内容包括神话传说、地方风物、民俗史事、动植物、美德善行、生活趣事、鬼怪精灵等。

"上海南汇卷"主编周进祥，2016 年 7 月第 1 版，定价 50 元。全书共收集 286 个民间故事，分为传说、故事、熟语故事三部分，通过平淡日常的生活故事表达做人做事的道理和丰富的生活哲理。

六、文学·艺术

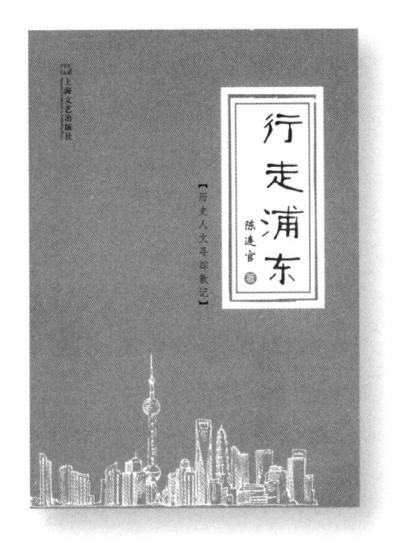

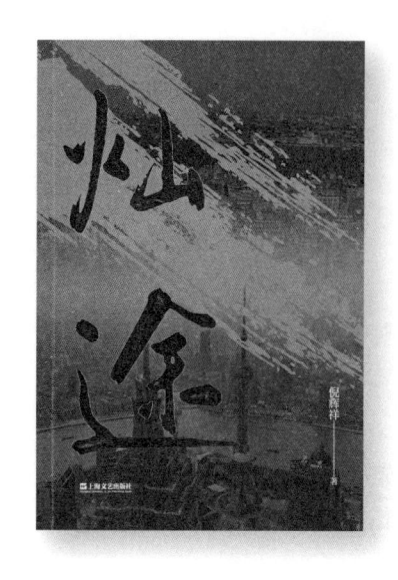

☐ 灿途

倪辉祥著，上海文艺出版社 2020 年 4 月第 1 版，定价 45 元。

本书是知名浦东籍作家倪辉祥的浦东题材小说代表作，与其 2003 年出版的《钱途》一书组成互相呼应、具有内在逻辑联系的小说集。《钱途》讲述以男主人公尹渊文为代表的知识分子在浦东开发开放大潮中下海经商所经历的浮沉悲欢，而《灿途》作为浦东开发开放 30 周年的献礼之作，讲述了主人公姚明光辞职下海、历尽艰辛创办电力企业、为解决浦东开发初期能源问题而奋斗的感人故事。两书时隔十余年问世，共同组成了一曲歌颂"凡人英雄"、礼赞改革开放、催人奋发图强的浦东赞歌。

☐ 心韵

倪辉祥著，文汇出版社 2013 年 7 月第 1 版，定价 35 元。

作者倪辉祥系浦东籍知名作家、中国作家协会会员。本书是其散文集代表作，收录作品 100 余篇，分为乡韵萦梦、游韵怡情、"景"韵钩沉、挚韵染心、墨韵拾贝五部分，以随性灵动、富有乡土气息的语言，记述了浦东的悠长历史、多彩民俗、风物景致、百姓趣事，着眼宏大而落笔细腻，读来生趣盎然，折射出作者浓浓的浦东情结，是一本适合各行各业读者阅读、了解浦东的文学作品。

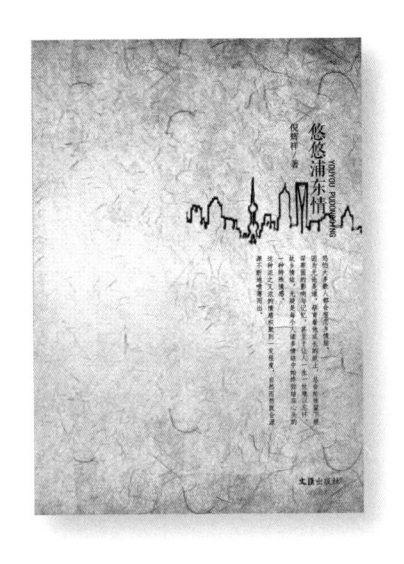

☐ 悠悠浦东情

倪辉祥著，文汇出版社2018年4月第1版，定价19.25元。

作为浦东第一位土生土长的中国作协会员，倪辉祥数十年来坚持浦东题材的创作，满怀诗意地展现浦东的历史文脉、讴歌浦东的发展变化。本书收录其散文代表作106篇，归纳为桑梓恋情、故里深情、热土豪情三个主题，分别反映家乡草木风物、家乡父老的凡人闪光点以及家乡日新月异的变化。作品历史跨度绵长、笔触灵动细腻，是一部从文学视角反映浦东"前世今生"的优秀作品。

☐ 辉祥文库

倪辉祥著，百花洲文艺出版社2021年2月第1版，全2册，定价90元。

本书是知名浦东籍作家倪辉祥的代表作精选集，按作品体裁分为两卷。《辉祥文库·小说卷：殊途恩怨》讲述"杜溪镇"这个具有典型意义的浦东古镇从新中国成立前直至浦东开发开放后的沧桑巨变。《辉祥文库·散文卷：游踪拾影》汇集了作者数十年来游览国内外名山大川、古迹盛景的所见所闻所感。从两书中可见作者挚爱家乡、礼赞浦东、胸有神州的家国情怀，以及大气、畅达、灵动的文学功力。

☐ **翰墨颂辉煌**

——纪念建党九十五周年书画大赛作品集

浦东新区三林镇文化服务中心、三林书画协会2016年6月编印。

本画册是三林镇第六届文化体育节举办的"翰墨颂辉煌——纪念建党九十五周年书画大赛"优秀作品的集结之作,旨在通过传统书画艺术的形式,讴歌我党的奋斗征程和丰功伟绩,追寻革命先烈的光辉足迹,激发广大党员群众爱党爱国的革命情怀,发挥传统艺术为传承红色基因、传播红色文化服务的作用。

画册中选录的78幅作品,均来自本镇居民、企业及三林书画协会,主题鲜明突出,"草根"气息浓厚,或展现革命前辈风采,或重现烽火战斗场景,或描绘祖国锦绣河山,或摹写经典红色诗词,传递出不忘历史、砥砺奋进的时代强音。

☐ **美丽三林塘　逐梦新时代**

——庆祝新中国成立70周年优秀摄影作品集

浦东新区摄影家协会、浦东新区文化服务中心2019年编印,主编吕文明。

在新中国成立70周年之际,三林镇举办"美丽三林塘　逐梦新时代"三林镇建设发展成果摄影展,并从参赛作品中遴选120幅佳作成册。作品内容涵盖三林镇城市建设、经济发展、文化繁荣、民生改善、生态宜居等方方面面,展现三林镇进入新时代以来经济、社会、民生各方面的迅速发展和崭新成就,反映了三林人民在这片热土上安居乐业、创造美好生活的图景。

☐ "三林塘·三十年·三十人亲历与见证"摄影艺术展作品集

浦东新区摄影家协会、浦东新区三林镇文化服务中心 2020 年编印。

为庆祝浦东开发开 30 周年，抒发浦东摄影人对家乡热土的深情厚爱，反映三林地区百姓欣欣向荣的美好生活，浦东新区摄影家协会与三林镇文化服务中心联合举办"三林塘·三十年·三十人亲历与见证"摄影艺术展，来自浦东摄影家协会三林分会以及三林籍的 30 名优秀摄影人踊跃参与。这些作品反映了三林欣欣向荣的城市新景、底蕴深厚的文化遗存、温馨和谐的幸福家园、充满活力的百姓生活，也浓缩了浦东开发开放 30 年辉煌成就，传递出摄影家们对新时代的热爱和期许。

☐ 吕摄春秋
——吕文明摄影作品集

吕文明著，中国摄影出版社 2014 年 9 月第 1 版，定价 580 元。

作者吕文明是浦东新区摄影家协会主席，除摄影之外还有从军、从商的丰富经历，其摄影作品具有视角新颖、题材丰富、刚柔相济、层次分明、用光独特的特点，以纪实与艺术相结合的方式记录了时代的变迁、世界的多彩、家乡的发展和人民的美好生活，具有较高的人文精神意境。本摄影集是从作者数十年摄影生涯中拍摄的 10 余万张照片中精选数百张汇编而成，秉承"知识传播、文化共享、美的享受"的宗旨，以各种主题记录不同国家、地区和民族的人和事，洋溢着风光旖旎、人文荟萃的艺术感染力。

□ 瞬间与永恒
——黎自立浦东摄影作品集

黎自立主编，上海文化出版社2021年4月第1版，定价360元。

作者黎自立是中国摄影家协会会员、上海市摄影家协会会员、浦东新区摄影家协会理事，在纪实摄影方面具有较高造诣。本书从他调入浦东工作后25年来拍摄的10万余幅照片中遴选精华的400余幅集结而成，按只争朝夕、海纳百川、世界瞩目、宜居之城、世博回响、翻天覆地、浦东好人七个主题编排，反映了激情燃烧的岁月里各条战线勠力同心、艰苦奋斗、创新创业的生动图景，呈现了沧桑巨变的浦东画卷。

□ 浦东新区人大庆祝重大纪念日书画摄影作品集

上海市浦东新区人大常委会办公室、上海市浦东新区人大工作研究会编印。

在庆祝新中国成立70周年、庆祝中国共产党成立100周年、喜迎党的二十大等重大纪念日之际，为了以艺术的形式歌颂党领导全国各族人民赢得革命、建设、改革开放胜利和开创中国特色社会主义新时代的伟大成就，弘扬社会主义核心价值观，编者单位组织开展了书画、摄影作品征集展览活动，其中优秀作品汇编成册。这些作品或讴歌革命前辈丰功伟绩，或摹写经典红色诗词，或反映各行各业劳动者风采，或记录浦东辉煌巨变和人民幸福生活，具有强烈的思想性、时代性和较高的艺术功力。

这批图册包括：《放飞梦想——喜迎国庆70周年书画摄影展作品集》，2019年9月编印；《百年礼赞——庆祝中国共产党成立100周年书画摄影展作品集》，2021年6月编印；《走向未来——喜迎党的二十大胜利召开书画摄影作品集》，2022年9月编印。

□ 庆祝重大纪念日浦东老干部书画摄影集

中共上海市浦东新区离退休干部工作委员会、中共上海市浦东新区委员会老干部局、上海市浦东新区老干部活动室编印。

近年来，浦东新区离退休干部党工委、浦东新区区委老干部局、浦东新区老干部活动室围绕全国、上海和浦东的重大纪念日，组织开展老干部书画摄影展，并将其中精品佳作集结成册。这些作品多侧面、多视角地展现改革开放以来，上海尤其是浦东的腾飞和辉煌成就，讴歌我党光荣的革命传统和深厚的红色基因，主题鲜明，贴近生活，格调高雅，感染力强。

2018年在庆祝改革开放40周年之际，推出《不忘初心跟党走 牢记使命展风采——浦东区域老干部暨浦东老干部书画摄影作品集》；2019年，推出《皓首赞盛世 共圆中国梦——浦东新区老干部庆祝新中国成立70周年书画摄影作品集》；2020年，推出《浦东新区老干部庆祝浦东开发开放30周年书画摄影作品集》；2021年庆祝党的百年华诞之际，推出《党旗在心中飘扬——浦东新区老干部书画摄影作品集》。

□ 我们的故事
——浦东开发开放30周年征文集

中共上海市浦东新区离退休干部工作委员会、中共上海市浦东新区委员会老干部局2020年10月编印。

2020年是浦东开发开放30周年，为了展现浦东波澜壮阔的奋斗征程和辉煌成就，本书编委会组织一批亲历浦东开发开放的老领导、老干部、老专家，书写他们与浦东结缘、在浦东奋斗、见证浦东巨变的青春故事，展现浦东在每个历史关键点上承载国家战略的光荣使命，探究对世界社会主义现代化进程可资借鉴的"浦东之路"，集结成书。全书分峥嵘岁月、开创先河、永怀初心、时光掠影、情满浦江五个部分，共收录文章38篇。

六、文学·艺术

☐ 浦东映像

上海市浦东新区档案馆、上海市浦东展览馆2012年11月编印,主编沈建军。

这是一本定格浦东的摄影集,一共收集了276张浦东摄影家协会提供的摄影作品。从篱笆老屋到浦江开埠的名舍雅居,从一代伟人宗地到文学才子的乡村故居,从斑驳弄堂到陆家嘴的摩天大厦,组合成一片片、一道道凝聚着历史的、现代的、梦幻的真实情愫。

摄影家用敏锐的镜头,记录了这座城市的每个细节和脉络,定格了身边最淳朴的人群和最单纯的生活状态。让它们以静止的光影瞬间,诠释这座城市的脉络走向,力求奉献给每位读者一个真实而立体、炫丽而感性的浦东。

☐ 浦东相册

上海市浦东新区档案局(馆)2017年编印,主编许建军。

这本图集是浦东新区档案局(馆)首次运用航拍图片与历史影像资料相结合的方式,反映浦东的历史性巨变和跨越式发展。

图册中首次系统公开了近100幅反映陆家嘴金融城、浦江东岸21公里、世博园区、迪士尼乐园、中国(上海)自由贸易试验区、张江高科技园区、临港新城等重点区域、重要地标的珍贵空中影像,并通过其中一批航拍精选点位的今昔对比图展示,从空间和时间双维度展现浦东的历史演变和开发建设成就,呈现给社会公众一场"大美浦东"视觉盛宴,一张浦东"二次创业"以来的新名片。

图册分为全景浦东、浦东今昔、经典浦东、浦东全境四大板块。

☐ 浦东之路·精彩故事：摄影大赛获奖作品集

上海市浦东新区档案局（馆）、上海市浦东新区摄影家协会编，主编吕文明，上海书店出版社2018年6月第1版，定价268元。

在中国改革开放40周年之际，为了反映28年来浦东走过的波澜壮阔的"改革之路""开放之路""创新之路"，展现浦东作为"排头兵中的排头兵""先行者中的先行者"风采，浦东新区档案局（馆）与浦东新区摄影家协会联合举办"浦东之路·精彩故事"摄影大赛。最终从近2000幅（组）参赛作品中评选产生一、二、三等奖及优秀奖共120名，集结成本作品集。

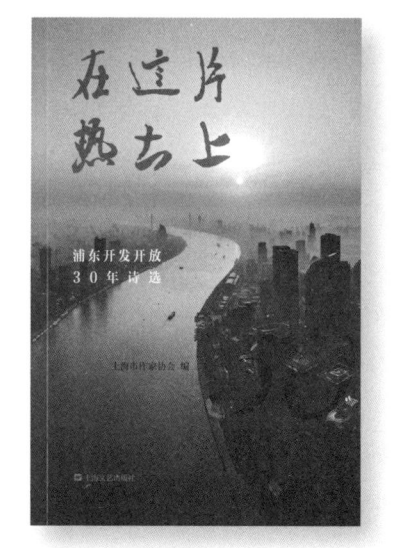

☐ 在这片热土上：浦东开发开放30年诗选

上海市作家协会编，上海文艺出版社2020年4月第1版，定价30元。

本书是在浦东开发开放30周年前夕，由上海市作家协会组织选编，旨在为浦东这段荣光的历史整理出一部由诗歌演绎的文学记录。收录其中的88首诗是从数百首优秀作品中遴选出来的，出自67位诗人倾情创作。这些作者中有许多是蜚声全国和上海诗坛的名家，他们以各自独特的视角，道出了对浦东的万千情思；而浦东土生土长的业余作者的书写，则以饱蘸的真实情感和质朴纯真的形式，传递出浦东的时代跃动。

六、文学·艺术

☐ 浦东人家：1997—2006 十年变迁图志（中英对照）

吴建平著，上海人民美术出版社 2016 年 7 月第 1 版，定价 380 元。

本摄影集作者耗时十年，以一位摄影家敏锐的艺术眼光与职业精神，忠实捕捉了 1997—2006 年间浦东当地居民的生活方式与人生百态。拍摄范围从最早的陆家嘴一带，如陆家嘴烂泥渡路、东宁路、东昌路、歇浦路、银城南路、望江路、上南路、老白渡路、铜山路、民生路等东方明珠塔周边地区，逐步扩大到洋泾、高桥、周浦、新场、白莲泾、大团、洋山、奉贤等地。

书后附录部分有作者撰写的《拍摄偶记》和《我拍老浦东人的生活》及赵解平撰写的《浦东地区部分地名变迁》，以备查考。

☐ 浦东故事（贰）（姊妹兄弟）

晨钟暮鼓著，复旦大学出版社 2012 年 9 月第 1 版，定价 32 元。

本书是首部《浦东故事（父老乡亲）》的延续之作，以深厚的人文情怀，塑造了作者的祖辈、父辈及自己故里老街上形形色色的人物形象，如"老街小子"杨澜志、"阿木林"莫林、"拉纤赵一"、"小辫子"祝金辉、"老门槛"洪文俊等，展现了活色生香、饶有兴味的普通劳动者生活场景和人生故事，展示了在上海、浦东发展变迁的大背景下，客观社会生态、自身行为姿态及个人心态之间内在的逻辑，给予读者某种有意义的观察和可持续的思考参照。

浦东人家

陶玲芬著，上海文艺出版社 2020 年 4 月第 1 版，定价 45 元。

本书是一部极具生活气息、描绘浦东发展历程的长篇小说。曾经遥望浦西"大上海"城市生活的浦东一家人，各自在时代风云面前经历了不同的命运变革。他们从 20 世纪 70 年代农民、绣娘、钢厂工人的身份一路走来，与命运搏击，在浦东不同发展阶段，尤其是改革开放和浦东开发开放新时期，历经考验，展开无比丰富的人生图景。数十年的筚路蓝缕成就了浦东，浦东人与浦西人的融合，也成就了真正"大上海"国际化大都市的欣欣向荣。小说写风土、写人情、写真正上海人扎根生活、勇往无前的气质，是一部难得的现实题材佳作。

浦东视野：1978—2018 茅正元纪实摄影

茅正元著，上海人民美术出版社 2018 年 11 月第 1 版，定价 238 元。

作者系中国新闻摄影学会会员，从事美术摄影 30 多年，在各级报刊发表摄影作品 1200 余幅，部分作品被上海市档案馆、浦东新区档案馆收藏。

本画册通过浦东景、浦东情、浦东事三部分，精心挑选了 270 余幅照片，试图以一个摄影者的眼光，记录和反映浦东的巨变，与同样有浦东情结的人们，分享浦东的成就、浦东的快乐和生为浦东人的荣耀。

☐ 十年风雨路：浦东说书保护传承工作纪实

上海市浦东新区北蔡镇人民政府编，上海人民出版社 2019 年 7 月第 1 版，定价 88 元。

浦东说书又称沪书、钹子书、农民书，是上海土生土长的曲艺曲种，2008 年 6 月被列入第二批国家级非物质文化遗产保护名录。北蔡镇通过举办曲艺邀请赛等系列活动扩大社会影响，创作《嫁女歌》《养猪阿太》等 40 多部作品，分别荣获国家级、市级、区级等各类奖项。

本书图文并茂地介绍了北蔡人十年来对浦东说书实施一系列静态和动态保护措施的情况，如建立中小学教学传承基地、让非遗融入社区、召集专家学者高端研讨会等。对非遗工作中具有普遍性的一些疑难问题，本书也进行了初步探讨，对弘扬江南文化有积极作用，也可以为各地非遗保护工作提供参考与借鉴。

本书分浦东说书老树绽新枝、浦东说书的艺术特点及其人民性两个部分。

☐ 浦东新竹枝词

张坚著，上海远东出版社 2022 年 11 月第 1 版，定价 138 元。

本书是"浦东文化丛书"非遗卷之一，以描述民俗、民风、民情为主要内容的竹枝词的文学方式来记咏浦东非物质文化遗产，每个非遗项目及非遗传承人均配一首竹枝词，并对非遗项目及传承人作简要介绍，包括级别、录选年份、保护单位、从艺年限等。

全书分为三辑和附录部分。第一辑为国家级非遗保护名录 8 项，第二辑为上海市级非遗保护名录 35 项，第三辑为浦东新区非遗保护名录 43 项，附录为浦东新区非物质文化遗产传承基地与讲习所一览表及学术论文 9 篇。

☐ 当年我们是黄楼公社"土记者"

本书编写组 2021 年 10 月编印。

兴起于 1968 年川沙县黄楼公社（今浦东新区川沙新镇黄楼社区）的"土记者"，曾是闻名全国的一张文化名片。一批从下乡知青和农家子弟中成长起来的新闻工作者，在艰苦劳作之余笔耕不辍，书写了大量宣传毛泽东思想、反映农村新人新事的优秀稿件，对新中国新闻事业的发展发挥了积极作用。本书在庆祝党的百年华诞之际问世，汇编了十余篇当年"土记者"的回忆文章和相关报道，再现了他们火热的青春年华，展现了他们热爱新闻事业、忠实为民代言的精神，也为新征程上发扬党的新闻事业优良传统、服务乡村振兴提供了鲜活教材。

☐ 红色高桥园
☐ 诗咏高桥园

高桥中学校史馆 2019 年 10 月编印。

高桥中学是一所百年名校，在庆祝新中国成立 70 周年之际，组织开展了校史馆筹建和学校文化丛书编撰工作，推出"高桥中学文化丛书"两本反映学校红色记忆和文化积淀的读物，以弘扬学校光荣传统，激励师生努力学习、育成英才，共同建设新时代新浦东。

《红色高桥园》的内容主要来自历届校友、教师中亲历者和见证者，包括三个方面，一是中华人民共和国成立前学校师生参加的中共早期党组织活动及其他自发进步活动，二是中华人民共和国成立初学生听从党的召唤、掀起参军参干和戍边卫国热潮，三是中华人民共和国成立后建立党团组织的历史。

《诗咏高桥园》收录了历届和现在的师生校友吟咏校园风物遗迹、盛赞学校文脉、展望学校未来的诗词歌赋，分为上篇《人文旧迹》、下篇《校园新歌》，体裁包括古体诗和现代诗，对每首诗歌还加注相关旧迹简介、引述史志典籍，增强其真实性、可读性。

六、文学·艺术

☐ **富强和美　大爱高东**
　　——高东镇庆祝新中国成立 70 周年
　　主题摄影赛优秀作品集

浦东新区高东镇人民政府、浦东新区摄影家协会、高东镇文化服务中心 2019 年编印。

高东镇是浦东北部、东海之滨的重镇，在浦东开发开放的大潮中，从小村落建设成为一个城乡面貌新、经济实力强、人居环境美的"全国文明镇"。在新中国成立 70 周年之际，高东镇举办"富强和美　大爱高东——高东镇庆祝新中国成立 70 周年主题摄影赛"，并从参赛作品中精选出 120 余幅佳作成册。这些作品既有恢宏航拍，又有温馨小景，还有地标新旧对比，展现了高东翻天覆地的变化，传递出高东人勇立潮头、逐梦前行的信念。

☐ **米字唐镇　醉美生活**
　　——摄影大赛获奖作品集

浦东新区唐镇人民政府、浦东新区文化艺术指导中心编，主编沈洁，上海书店出版社 2019 年 12 月第 1 版，定价 268 元。

唐镇位于浦东新区中东部，是一个集浪漫生态、时尚休闲和新兴科技于一体的活力城区。在庆祝改革开放 40 周年暨浦东新区唐镇"撤二建一"20 周年之际，浦东新区摄影家协会举办了"米字唐镇，醉美生活"主题摄影比赛，其中优秀作品集结成册。这些作品视角新颖，画面精美，从各个维度全面反映了唐镇地区建设发展，展示了唐镇城乡自然生态美景、独具特色的人文品质和文化形象，展现了唐镇在传统农耕文明基础上搭上智慧创新的步伐、走向国际化的时代气息。

☐ 拐点

——周家渡影像 2004—2010

魏民著，浦东新区摄影家协会 2010 年 7 月编印。

本图册是上海市和浦东新区摄影家协会会员、知名纪实摄影家魏民的代表作。2004 年起，他连续拍摄记录浦东周家渡地区的风貌变迁和民情百态，并集萃成书，作为 2010 年上海世博会的民间礼物赠予海内外来宾。图册从魏民作为"周家渡土著"的视角出发，以纪实摄影手法记录了周家渡在浦东走向现代化、国际化的进程中从"老城""锈城"到"梦城"的华丽转变三部曲，是一个具有历史学、社会学双重意义的城市变迁影像文本。

☐ 记忆周浦

康康著，浦东新区周浦镇文化服务中心编印。

本书是浦东新区摄影家协会副主席、周浦镇摄影协会会长康康的代表作，从其 40 年摄影生涯中记录周浦的海量作品中精选 100 幅集萃成册。书中所选均为黑白老照片，主题包含文物古迹、道路民宅、市集街景等，反映了古镇多姿多彩的风土人情，定格了远去的古镇记忆，也通过独特的镜头语言，传递其内心对"至真至善至美"的追求。

☐ 科创临港　美丽泥城
——摄影大赛获奖作品集

上海市摄影家协会、浦东新区文化艺术指导中心、浦东新区泥城镇人民政府、上海临港产业区经济发展有限公司编，主编王振富、苏国林，上海书店出版社2018年9月第1版，定价268元。

2018年是全面贯彻党的十九大精神开局之年，是改革开放40周年和浦东开发开放28周年，也是"纪念浦东抗日第一枪"80周年。为弘扬泥城革命传统和时代价值，全面展示"科创临港　美丽泥城"的发展变化和不凡成就，本书编委会组织开展了"继往开来　不忘初心"——2018"科创临港　美丽泥城"主题摄影活动，精选各地摄影家和摄影爱好者的110幅优秀佳作成册。这些作品展现了泥城作为传奇之城、荣耀之城、崛起之城的魅力风采，记录了泥城围绕临港产业区、主体承载区和生活服务基地的定位实现新跨越的奋进足迹。

☐ 在灿烂阳光下
——"唐镇杯"散文征文优秀作品选

康叶红编，文汇出版社2016年12月第1版，定价98元。

浦东开发开放以来，唐镇的变化日新月异，无论本地居民还是外来建设者，都在这种沧桑巨变中找到了机会、实现了梦想，唐镇成了创业者施展才华的热土、老百姓安居乐业的宝地。本书是"唐镇杯"散文征文活动优秀作品的合集，共收录了54篇散文，作者大多是唐镇普通居民，他们讲述与唐镇的故事，从中可以读到唐镇城乡建设一日千里、民生工程温暖人心、百姓生活丰富多彩的绚丽画卷，为唐镇留下一份珍贵的文化财富。

□ 追梦中国　幸福唐镇

浦东新区唐镇党群工作办公室、浦东新区唐镇文广服务中心 2014 年 11 月编印。

本书是以"追梦中国·幸福唐镇"为主题的散文诗歌征集活动的入围作品合集，共收录了 69 篇散文和诗歌。这次征文活动旨在加大中国梦宣传力度，增强唐镇的向心力和凝聚力，反映唐镇发展变化，歌颂改革开放的伟大成果，同时为爱好文学写作的同仁打造展示才华的平台。作者大多是唐镇的居民，他们把伟大的中国梦与个人的命运和前途结合起来，记录下唐镇的发展成果，讴歌了唐镇的新人新事，也表达了实现中国梦、建设幸福唐镇的情怀和决心。

全书分为沧桑巨变、放飞理想、流金岁月、情萦故土、记者见闻五个部分。

□ 祝桥当代戏剧曲艺创作集

祝桥镇文广服务中心 2013 年 5 月编印，主编叶竹青，分上下两册。

本书收集了祝桥地区自 1949 年 10 月 1 日至 2012 年底祝桥境域（含祝桥、盐仓、东海、朝阳、施湾、江镇社区）文化、教育、机关、企事业等单位及个人创作的戏剧、曲艺共 89 部，含沪剧、歌剧、话剧、快板剧、小品以及说唱、表演唱、快板、锣鼓书、浦东说书、对口词、独角戏等类别。

上册收录戏剧 36 部，下册收录曲艺 53 部，大多文本配以剧照、插图或相关历史人物、建筑风景图。歌剧、话剧、对口词等皆运用普通话词汇；沪剧、方言话剧及一些曲艺作品则多采用中国吴语区的上海当代口语，也采用鲜活的祝桥方言俚语。

☐ 横沔闲人拾趣

顾复初、江峰著，上海文艺出版社2022年7月第1版，定价45元。

本书是一位耄耋老人顾复初对自己人生的总结，他是全国五一劳动奖章获得者、星火计划先进科技工作者、百项科技创新专利发明者。顾老出生于抗战初年，经历了解放战争，又是改革开放的见证者和受益者。书中记述了他的工作经历和发明创造、创办企业、造福乡里的故事，并重点突出了他在机械技术方面的成就。

全书由47个小故事组成，后附作者38篇诗词摘要。

☐ 沪上盐乡枕水情
——新场古诗词选集

上海市浦东新区新场镇人民政府、中国华夏文化遗产基金会古镇专项基金会编著，中国文史出版社2017年4月第1版，定价99元。

本书选录新场自宋代至民国时期16位作者形成的优秀诗词作品共计109首，按照诗词所表达内容划分为七个部分，内容以反映新场自然风光、历史风物、镇名由来、节庆民俗、农渔之乐、仁人志士、游子乡情为主。其选录的每首诗词，配以作者生平简介及重点字词解读，便于读者更好地理解诗词的创作背景和文意内涵。本诗词集展现了新场悠久深厚的历史文脉，是对地方传统文化进行创造性转化、创新性发展的积极实践。为便于少儿读者阅读，诗集还精选了部分更为通俗易懂的诗词并加注拼音，推出配套的"少儿版"。

☐ 创造社丛书及其他

张泽贤著，上海远东出版社2021年12月第1版，定价288元。

创造社是"五四"新文学运动初期的文学团体，从1921年8月开始编印出版书籍至1929年2月出版部被查封，共出版图书60多种。本书收录了"创造社丛书"65种版本及郭沫若版本110种。

本书为"浦东文化丛书"第五辑，分为三部分，每部分皆有小引作为导读。第一部分把所有65种"创造社丛书"的版本以音序排列，从《爱的焦点》到《最后的幸福》；第二部分所收郭沫若版本皆为中华人民共和国成立前的版本，分为诗歌、散文、小说、戏剧、翻译五章；第三部分是《创造社部分成员版本掇萃》，选录了30位有一定知名度的成员，大多附肖像照。书中版本大部分附有封面、版权页及扉页，书前还收有"创造社丛书"彩色书影32幅。

☐ 汉石经室题跋

〔清〕沈树镛著，柴志光、高贞杰编，上海远东出版社2018年1月第1版，定价108元。

沈树镛（1832—1873），浦东川沙城人，清咸丰九年（1859）中举，博学多才，官至内阁中书，嗜金石碑版文字，所藏秦汉碑石拓本秘籍有"富甲东南"之誉。因其获宋拓熹平《石经》和孙承译《研山斋藏本熹平石经》，遂名书斋为"汉石经室"，潜心考订，题跋甚多。本书是对沈树镛题跋的选录，主要来源于其子沈毓庆编的《汉石经室金石跋尾》，并将其外孙吴湖帆编的《郑斋金石题跋》中增加的跋记以及新发现的序跋记等以辑遗的形式收录。另外，以附录形式收录沈树镛的诗文、往来书信、科举朱卷，还收录有关书刊对沈树镛家族的记载和其生平史料。

全书分为汉石经室金石跋尾、沈树镛金石题跋补遗及附录三部分，部分跋语附图，跋文后撰有按语。

六、文学·艺术

李平书文集

李平书著，柴志光、完颜绍元编，上海远东出版社 2022 年 11 月第 1 版，定价 138 元。

本书是对浦东籍近代著名工商实业家、社会活动家李平书著作的集结和整理，收录了目前所能收集的李平书的诗、文论、书信、公文、函电、杂著等，共 200 多篇（件）。其资料来源主要有四个方面：公开刊印著作，有《新嘉坡风土记》《宁阳存牍》《宁阳骊唱录》《且顽老人七十岁自述》《上海自治志》；报纸杂志，有《申报》《民立报》《时报》；辛亥革命、近代工商业、浦东同乡会等方面档案资料；书信材料。

文集分为制艺、公牍、时论、讲演、函电、唱和、自叙和杂著八个部分。附录包括李平书简历、《申报》载李平书逝世消息和相关地方志书载李平书专记三篇。

张志鹤文选

中共上海市浦东新区委员会党史地方志办公室、上海市浦东新区档案馆、上海市浦东新区历史研究中心 2019 年 11 月编印。

本书是为纪念浦东先贤张志鹤诞辰一百四十周年而编印。张志鹤（1879—1963）是江苏川沙龚路（今浦东新区曹路镇）人，他一生致力于浦东及上海地方文史、教育、民政等事业，尤其于教育及同乡会上贡献最多，其与黄炎培关系最为密切，系黄炎培得力助手。本书是对张志鹤作品的集结和整理，收录了张志鹤的著作、文选、往来书信函、诗选共 130 篇。

吴省钦集

〔清〕吴省钦撰，孙大鹏、张青周点校，复旦大学出版社 2016 年 7 月第 1 版，定价 178 元。

本书为李天纲主编《浦东历代要籍选刊》之一，分上下两册，所整理的内容皆以续修《四库全书》之影印本为底本。吴省钦（1729—1803），字充之，号白华，世居南汇鹤沙，生于浦东下沙东仓吴家老宅。吴省钦于乾隆年间南巡召试，赐举人，授内阁中书；后中进士，授编修；大考一等，擢侍读，迁侍读学士、光禄寺正卿、顺天府尹、擢礼部右侍郎等官职。

本集收录了吴省钦的《白华前稿》六十卷和《白华后稿》四十卷，附录收录诗文辑录二首，年谱、墓志铭、传记四则等。

周金然集

〔清〕周金然撰，金菊园整理，复旦大学出版社 2016 年 7 月第 1 版，定价 178 元。

本书为李天纲主编《浦东历代要籍选刊》之一，分上下两册，所整理的《周金然集》大都以清代诗文集汇编影印清康熙刻本为底本。周金然（1641—约1702），字广菴，世居松江府上海县，康熙二十一年壬戌成进士，清朝官员。

本集收录了周金然的《抱膝庐诗草》十一卷，《娱晖草》二卷，《和靖节集》三卷，《和昌谷集》一卷，《西山纪游》一卷，《东观草》一卷，《使荆草》一卷，《折柳草》一卷，《盍簪草》一卷，《奚囊草》一卷，《归兴集唐》一卷，《南归草》一卷，《津逮楼草》一卷，《据梧阁草》一卷，《归云洞草》一卷，《南浦词》三卷，《饮醇堂文集》二十卷，《砺岩续文部》二十卷，《砺岩续文部二集》十三卷，《新编双南记》二卷，《附录》二卷。

六、文学·艺术

黄体仁集

〔明〕黄体仁撰，杜怡顺整理，复旦大学出版社2014年12月第1版，定价32元。

本书为李天纲主编《浦东历代要籍选刊》之一，所整理的《黄体仁集》以四库存目丛书影印万历刻本为底本。黄体仁（1546—?），字长卿，号谷城，明上海县川沙城人，明代中后期上海地方颇有影响的文士。

本集收录黄体仁《四然斋集》十卷，卷首有万历三十六年徐光启序。该文集对上海及浦东本地之世道人情多有涉及，包括当时各位上海地方官员的施政记录、与作者交往的本地贤达之生平遭际，以及作者对黄氏先祖饱含深情的书写，展示了一个望族近百年的变迁。

傅逊集

〔明〕傅逊撰，孙大鹏、袁雯君整理，复旦大学出版社2015年12月第1版，定价168元。

本书为李天纲主编《浦东历代要籍选刊》之一。傅逊，字士凯，明代太仓人。早年从归有光游学，万历三年乙亥选贡生，以岁荐为嵊县训导，万历十二年补建昌教谕，后选傅河南王以归。

本集收录了《春秋左传属事》二十卷及《春秋左传注解辩误》二卷，并附以相关士凯传记资料。《春秋左传属事》以万历十三年乙酉刻本和四库全书本对照整理而成，《春秋左传注解辩误》据万历二十五年丁酉日殖斋补刻本整理而成。

☐ 朱豹集·石英中集·朱察卿集

〔明〕朱豹、石英中、朱察卿撰，戎默整理，复旦大学出版社 2015 年 5 月第 1 版，定价 98 元。

本书为李天纲主编《浦东历代要籍选刊》之一。朱豹（1481—1533），字子文，今浦东新场人，明正德十二年进士。石英中（1506—1529），字字珍，先世居浦东十六保，后迁浦西，明嘉靖二年进士。朱察卿（1524—1572），字邦宪，朱福州豹独子。

《朱豹集》收录了《朱福州集》六卷，其中诗三卷、奏疏三卷，以四库全书存目丛书嘉靖本进行整理校点。《石英中集》收录了《石比部集》八卷，乃从子石应魁于万历年间整理刊刻，此次整理以上海图书馆所藏八卷为底本点校而成。朱察卿集收录了《朱邦宪集》十五卷，以四库全书存目丛书点校整理。

☐ 叶映榴集

〔清〕叶映榴撰，乐晓明整理，复旦大学出版社 2015 年 12 月第 1 版，定价 48 元。

本书为李天纲主编《浦东历代要籍选刊》之一。叶映榴（1638—1688），字炳霞，今浦东新区新场镇人，顺治十八年进士，历仕至陕西按察司佥事、提督学政、湖广粮储道，为官清廉，刚正不阿。康熙二十七年遇兵变殉难，赐谥"忠节"。

本集的校勘整理以《叶忠节公遗稿》十三卷本为底本，校以十二卷本、十六卷本。十三卷本所无的遗疏、壬子秦游日记，据十二卷本、苍霞山房诗意补录进附录中，并给全书补加了目录。

六、文学·艺术

李中梓集·李中立集·李延昰集

〔清〕李中梓、李中立、李延昰撰，何立民整理，复旦大学出版社 2020 年 12 月第 1 版，定价 560 元。

本书为李天纲主编《浦东历代要籍选刊》之一，分上中下三册。李中梓（1588—1655），字士材，南汇县惠南镇人，著名中医学家，温补学派著名代表学者，兄中立、侄延昰皆为著名医家。李中立，字士强，万历二十三年进士，曾任公安知县、浙江按察使、大理寺评事，于本草有精深研究。李延昰（？—1697），字我生，以医自给。

《李中梓集》收录《内经知要》二卷，《伤寒括要》二卷，《医宗必读》十卷，《删补颐生微论》四卷，《诊家正眼》三卷，《病机沙篆》二卷，《本草通玄》二卷，《镌补雷公炮制药性解》二卷，《里中医案》一卷。《李中立集》收录《本草原始》十二卷。《李延昰集》收录《脉诀汇辨》十卷，《药品化义》十三卷，《南吴旧话录》二卷，《靖海志》四卷。正文之后设置附录，共列人物传记、作品著录、诗文补遗及其他三目。

陆深全集

《浦东历代要籍选刊》编纂委员会编,主编廖可斌,复旦大学出版社2022年10月第1版,定价358元。

本书为《浦东历代要籍选刊》之一,分为四册。陆深(1477—1544),字子渊,号俨山,明代松江府上海县人,是明中叶重要政治人物、著名学者、文学家、书法家,弘治十八年进士,主要在翰林院、国子监、詹事府等部门任职。他的著作中包含大量关于明代上海特别是浦东地区的史料。

本集收录了陆深的《俨山文集》一百卷,《俨山外集》四十卷,《陆文裕公续集》十卷,《陆文裕公行远集》《俨山尺牍》《诗准》三卷,个别散见于其他人文集及方志等文献中的诗十六首、文一篇作诗文辑佚,附录收录传记、交游诗文、评论供研究者参考。

乔玠生集·吴洽集

〔清〕乔玠生、吴洽著,陈才整理,复旦大学出版社2021年7月第1版,定价98元。

本书为李天纲主编《浦东历代要籍选刊》之一。乔玠生,字春谷,南汇人,主要活动于道光、咸丰年间。吴洽,字怡生,又字欣如,川沙人,为乔玠生女婿,主要活动于咸丰、同治、光绪年间。

《乔玠生集》收录了《娱石山房诗集》五种,分别为《娱石山房守拙稿》《娱石山房皖游稿》《娱石山房避氛稿》《娱石山房戎幕稿》《娱石山房更生稿》。《吴洽集》收录了《时还读我书屋诗钞》三种,分别为《时还读我书屋吟钞》《时还读我书屋赋钞》《时还读我书屋诗钞》。《娱石山房诗集》和《时还读我书屋诗钞》,现藏上海博物馆图书馆,中国古籍总目未著录,均为孤本,本集均以此整理。

六、文学·艺术

唐祖樾集

〔清〕唐祖樾著，孙幼莉整理，复旦大学出版社2022年6月第1版，定价90元。

本书为李天纲主编《浦东历代要籍选刊》之一。唐祖樾（1746—1815），字荫夫，清中期南汇文人，乾隆四十二年考取举人，榜后应考景山官学教习钦取第一名，铨授山西宁乡县知县，后历署乐平县、安邑县，升顺天府粮马通判，改云南路南州知州，调署开化府知府，调补黑盐井提举，任职之地治理皆颇有建树，嘉庆十三年解组回籍。

本集收录了唐祖樾的《述山诗钞》《述山诗续钞》各四卷，以上海图书馆藏道光刻本为底本，前有唐述山自订年谱并其孙唐汝钧题识。

陆明扬集

〔明〕陆明扬著，孙幼莉整理，复旦大学出版社2023年3月第1版，定价60元。

本书为李天纲主编《浦东历代要籍选刊》之一。陆明扬，字伯师，号襟玄，为陆深从孙，万历癸卯举人，官靖江教谕，万历四十四年秋卒于署，著有《紫薇堂集》《五经辑要》《周易系辞正义》等。

本集收录了陆明扬的《紫薇堂集》八卷，以北京图书馆藏本为底本。卷一、二为诗，卷三为书，卷四为启、记，卷五为记、议，卷六为志、铭、行述、跋，卷七为序，卷八为祭文、杂著。书前有姚永济、程玠、陆蓧所作序文三篇，末有陆起龙、陆鸣虞识语。附录为松江府志、上海县志、靖江县志中的传记及《范彤弧陆襟玄先生传》《李世裕陆学博先生传》。

□ 李雯集

〔清〕李雯撰，王启元整理，复旦大学出版社2017年9月第1版，定价128元。

本书为李天纲主编《浦东历代要籍选刊》之一。李雯（1607—1647），字舒章，上海县人，明季上海地区著名诗人，清代松江府、南汇、华亭、奉贤诸志皆有其传记，是晚明时几社与"云间三子"的重要成员，与当时诸名公贵人皆有深入交往，因遭家庭变故被迫仕清，郁郁而终。他长期关注国家边防、税制以及官僚体制的改革，虽不至于"王佐之才"，却也可以被视为一现实中的"理想主义者"。

本集由四库禁毁书丛刊影印中科院图书馆藏石维崑本《蓼斋集》四十七卷、《蓼斋后集》五卷整理而来。其中不清楚之处，参校《清代诗文集汇编》影印北大藏本增补。又据周大烈先生所藏李雯未刊尺牍钞本数十通（现已捐献给金山区图书馆）录排入全书附录，弥足珍贵。

□ 长风雅集

浦东新区高桥镇人民政府、浦东新区文化艺术指导中心2015年编印，主编张辉。

本书是高桥镇与区文化艺术指导中心联合主办的"海上书家高桥行"采风活动的作品汇编，共收录52位书法家的精品之作，作品还配以每位作者的图文介绍。这些作品包含篆、隶、楷、行、草等各种字体，题材多样。书法家才情洋溢，或摹写历代诗词美文，或刻画高桥和浦东诗意美景，或礼赞生机勃勃的新浦东，或抒发高远、深邃的艺术追求。书末还附有"翰墨流芳画院"五周年回顾掠影图集，展示了书画家们在高桥泼墨挥毫、交流切磋、送艺下乡等活动场景。

六、文学·艺术

□ 南跄韵
——沪东人文历史故事集（一）

浦东新区沪东街道志编纂办公室2014年5月编印。

2006年，沪东街道党工委提出建设"人文沪东"的发展理念，此后，记录、抢救、宣传、保护沪东人文资源的工作得到高度重视。2010年成立的沪东街道志编纂办公室（简称街志办），专门收集整理有关沪东人文历史的资料并在《人文沪东》报上连载发表。2014年5月，街志办将沪东人文历史资料汇编成《沪东人文历史故事集》，以此让更多人了解沪东的历史文脉，让宝贵的文化资源更好地为人文沪东建设服务。

本书分人文·名胜·故事篇、工厂·医院·科研篇、人物传记篇、地理·水文篇四部分。

□ 民国版本收藏断想及其他

张泽贤著，上海远东出版社2016年8月第1版，定价98元。

本书主要介绍民国时期的版本收藏和相关知识。在民国时期，出版业蓬勃发展，出现了许多兼具历史价值、文化价值和收藏价值的出版物精美版本。

本书是一本权威的版本收藏参考书籍，介绍了民国版本收藏的背景和意义，从历史的角度分析了民国版本的特点和影响，详细介绍了民国时期各种类型的版本，包括图书、期刊、报纸等。对于每种类型的版本都提供了详细解读，让读者能够更好地了解和鉴赏民国版本的价值。此外还介绍了民国版本收藏的方法和技巧，包括鉴定真伪、保存维护等方面的知识，以及一些民国版本的收藏案例故事，让读者能够更加生动地了解和感受民国版本的魅力。

□ **浦东古诗选刊丛书**

共 6 册，中共上海市浦东新区委员会党史办公室、上海市浦东新区地方志办公室、上海浦东历史研究中心 2016 年 5 月编印。

为传承中华民族优秀传统文化，激活深藏在书库里的浦东乡贤精神和文学瑰宝，特选编影印浦东古代诗集，为培育书香社会提供更多的乡贤著作。分别是：

《**得天居士集**》，张照著；

《**二壶中诗稿**》，顾曾铭著；

《**华海堂诗集**》，张熙纯著；

《**硁小斋偶吟**》，叶芳著；

《**味古轩诗集**》，祝尔和著；

《**余园诗稿·余园词稿**》，陆文键著。

浦东历史人物著作选丛书

共 10 册，浦东新区党史地方志办公室、上海浦东图书馆、上海浦东历史研究中心 2019 年 12 月编印。

为进一步传播浦东地区历代乡贤人文精神而选编此丛书，丛书分若干辑影印浦东地区历代人物著作，这是对浦东地区历代人物著作的一种保存，也是一种有效的传承。分别是：

《宝奎堂文集》，陆锡熊著；

《陆文裕公行远集》，共 4 册，陆深著；

《养真堂文钞》，秦荣光著；

《虫天志》，共 2 册，沈正弘著；

《蒹葭堂集》，陆楫著。

上海历代竹枝词

顾炳权编著，上海书店出版社 2018 年 1 月第 1 版，定价 78 元。

作者顾炳权（1936—1999），浦东知名的文史学者、藏书家，川沙县龚路镇（今浦东新区曹路镇）人，在地方历史、历代竹枝词、茶文化等方面颇具造诣。

《上海历代竹枝词》分为上下两册，收录竹枝词 174 种，4000 余首，分为前后两编。前编 24 种，为各个时期的刻本或抄、稿本；后编为散词，150 种，大都是从报刊或图书中辑录，部分为向私家访求所得。词集首先按地域分编，然后以作者写作时间或刊行、发表时间先后为序。原稿写作时间自明初至当代（以清代为主），所反映的地域主要是上海市区之外的农村地区。

上海洋场竹枝词

顾炳权编著，上海书店出版社 2018 年 1 月第 1 版，定价 68 元。

上海洋场主要指上海开埠至中华人民共和国成立这一时期的上海市区，是最早受到西方文化影响、开启社会转型的地区。本书收录有关上海洋场的竹枝词共 74 种，计 4000 余首，反映了近代上海洋场的社会风尚和世情百态。分为前后两编，前编 16 种，为各时期出版之竹枝词单行本或抄、稿本；后编 59 种，系编者从当时出版之报刊图书中辑录。编排次序原则上以写作或发表时间先后为序。

□ 新场历史文献丛刊

浦东新区政协学习和文史委员会、浦东新区党史地方志办公室、浦东新区新场镇人民政府2018年9月编印，共7册。

2008年12月，新场镇被命名为中国第四批"中国历史文化名镇"。"新场历史文献丛刊"选取新场地区历史文献中具有代表性和重要史料价值的典籍影印，是对新场地区千年发展史的回顾与致敬，对新场古今先贤的精神传承。分别是：

《硁小斋偶吟》，叶芳著；

《南河全考》，朱国盛纂、徐标续纂；

《阅世编》(全2册)，叶梦珠纂；

《新场地区清代科举人物朱卷选录》；

《说学斋诗》，叶凤毛撰；

《说学斋经说·内阁小志》，叶凤毛撰。

□ 周浦历史文献丛刊

浦东新区政协学习和文史委员会、浦东新区党史地方志办公室、浦东新区周浦镇人民政府2018年3月编印，共8册。

周浦镇是浦东地区的历史文化古镇，不但经济发达，商业繁盛，而且历史悠久，人才辈出，众多文人墨客著书立说。"丛刊"选取周浦地区历史文献中具有代表性和重要史料价值的典籍，代表了周浦地区的人文特色和文化实力。丛刊共选录8册著作，分别是：

《周浦地区清代科举人物朱卷选录》；

《海曲诗钞》(全2册)，《海曲诗钞二集》，冯金伯编；

《怀旧杂记·楹联偶记》，张文虎著；

《湖楼校书记·莲龛寻梦记》，张文虎著；

《周易参同契·祛疑说》，储泳著；

《王默史遗稿》，王树森著，《薌荚诗钞》，闾邱德坚著，2种合1册。

六、文学·艺术　151

□ 赤子的世界：传承傅雷文化　发扬傅雷精神

上海浦东傅雷文化研究中心 2017 年 4 月编印，主编王树华。

傅雷是我国著名的翻译家、作家、严谨的文艺理论家、评论家和教育家。其笔耕一生，除文学、美术、音乐等诸多著述外，还留下大量书信。他的精神品格可以归纳为：对祖国的热爱和忠诚、对事业的认真和执着、对人真诚和正直、处事率直和坦荡。

本书为 2006 年到 2016 年各类傅雷纪念活动的汇编。

□ 黄炎培序跋记文书信选辑

上海市浦东新区党史地方志办公室、上海市浦东新区黄炎培故居、上海浦东历史研究中心 2018 年 9 月编印。

2018 年，为纪念近现代杰出的民主战士、政治活动家和教育家黄炎培诞辰 140 周年，编者广为收集黄炎培一生出版的众多单行本著作和《黄炎培教育文集》《黄炎培日记》等书，以及散见于各种报刊的序跋、时论、散文、书信等，编辑成此书。书中共收录所作序跋 51 篇、记文 58 篇、书信 179 通，其中大部分文献为第一次收录成集、公开发表，为研究黄炎培生平与思想提供了珍贵的原始资料，对于传承黄炎培先生爱国民主思想和职业教育思想发挥了积极作用。

☐ 灵珰百札：黄炎培与姚维钧情书家信集

黄方毅、杨晓娟整理，人民出版社2012年11月第1版，定价29.80元。

本书为20世纪40年代著名民主人士黄炎培与夫人姚维钧未曾谋面、以信相交开始及至结下百年之好期间的情书一百多封、家书廿余封、诗篇几十首。一封封的信件不仅展现了黄姚夫妇间真挚深厚的情感，更让今天的人们看到了革命年代知识分子将个人命运与国家、民族的前途紧密相连的宏大情怀。

☐ 高山景行：沈敬之先生诞辰120周年纪念集（再版珍藏本）

本书为沈俊等亲属子女所编，2018年1月编印。

沈敬之（1897—1993），原名沈缉熙，又名沈景、沈金亮，是川沙地区知名的爱国人士，为人民政协参政议政、认真履行职能，献计出力，为祖国统一，振兴家乡经济、文化、教育、宗教、慈善事业发展作出了积极贡献，践行了他的座右铭"蜡烛尽燃自身玉，甘为人民照眼睛"。沈老一生真诚跟党、热心公益、为人谦和、胸怀坦荡。

六、文学·艺术　153

□ 造梦·怀梦·逐梦
——浦东"最美书香人"风采录

上海市浦东新区文学艺术界联合会、上海市浦东新区作家协会编，文汇出版社2023年7月第1版，定价68元。

本书是第六届浦东作协自换届以来，倾力推出的反映浦东的宏大故事、奋进故事、感人故事，继《浦东科技精英风采录》《张江科学城科技精英风采录》之后的第三部报告文学集。

本书收录23位浦东作协会员所采写的27位浦东新区首届、二届"最美书香人"（含提名对象）的故事，着意刻画出他们"手中有书可读、心中有梦萦绕、眼中有光闪亮"，或作为组织运营者，或作为倡导带领者，或作为志愿服务者的独特风采。

□ 东岸纪事

夏商著，上海文艺出版社2013年1月第1版，定价49元。

本书细腻生动地展现了20世纪70年代至80年代末，上海浦东开发之前的一系列情仇往事。在老浦东的背景下，刻画了乔乔、崴崴、刀美香等一组组市井群像式的人物，勾勒他们爱欲交织、灵肉混杂的浮世人生。小说糅合了现代小说与中国古典小说的叙事艺术，在情节生动铺陈的同时，每有伏笔，别具深意，充分展示了作者机敏、细密而又诙谐的写作风格。

☐ 印象川沙

夏毅主编，中国中福会出版社2016年1月第1版，定价80元。

本书作者川沙本地人夏毅以画册的形式，运用摄影、油画、素描等表现方式，展现了川沙的过去与今天、风土与人情以及保存至今的古韵古迹，如明代城墙、护城河、明清时代留下的街道及各类宗教场所，让读者对川沙当地的名人名士、经济文化等产生感性认知。书中将古镇川沙1000多年的成陆史、450多年的建筑史、200多年的建县史、100多年的革命史、60多年的辉煌建设史生动真实地展现在世人面前。同时，书中大量记载了古城墙、护城河、北市街、城隍庙、内史第等人文建筑的前世今生，也将川沙民间流传的名人轶事、变迁史话等娓娓道来。

本书按古韵古迹、古镇风情、名人名士、经济文化四个主题编排。

☐ 发现康桥之美

——2018主题摄影大赛作品集

"发现康桥之美"2018主题摄影大赛组委会编印。

在庆祝改革开放40周年之际，为反映浦东康桥走过的改革、开放、创新历程，浦东新区康桥镇与区摄影家协会合作举办"绿水蓝天·人文康桥"——2018"发现康桥之美"主题摄影活动，面向社会公开征集新老摄影作品。大赛组委会从2200多幅参赛作品中评选出600多幅佳作集结成册，这些作品生动地反映了康桥的城乡面貌变迁、市民生活百态和地域文化特色，从多个角度呈现了一部平凡、温馨、感人的城镇化建设成长影像史。

六、文学·艺术　155

☐ 民生纪事
　　——"浦东唐镇杯"散文征文优秀作品选
☐ 意味故事
　　——"浦东唐镇杯"意味故事征文优秀作品选
☐ 世象透视
　　——"浦东唐镇杯"杂文征文优秀作品选

　　为反映"十二五"期间各行各业积极践行科学发展观、构建和谐社会，人民群众生活的巨大变化，迎接党的十八大召开，《解放日报》与浦东新区唐镇党委、政府合作举办了"浦东唐镇杯"系列征文活动。征文通过广泛征稿、作家实地采风，精选汇编成优秀作品选，按征文主题分为三册，由文汇出版社出版。

　　《民生纪事——"浦东唐镇杯"散文征文优秀作品选》主编孟文海，2012年11月第1版，收录50篇文章，以温暖细腻的笔触，记录普通百姓在婚育、养老、医疗、子女教育等方面遇到艰辛坎坷而最终结局温暖的故事，反映了在党的关怀和群众自身不懈努力下，民生幸福指数不断提升的美好图景。

　　《意味故事——"浦东唐镇杯"意味故事征文优秀作品选》主编沈志明，2013年10月第1版，收录57篇文章，行文意味隽永，通过一个个善良勤劳的平凡"小人物"努力实现"微梦想"的故事，折射出"中国梦"与"个人梦"、国家目标与人民期盼同声相应、同频共进的时代主题。

　　《世象透视——"浦东唐镇杯"杂文征文优秀作品选》编者徐惠丽，2014年10月第1版，收录41篇文章，杂文风格生动活泼，通过"小故事"讲述维护社会公序良俗、公平正义、文明友善的"大道理"，发挥了杂文"聚焦世象、激浊扬清"的优势。

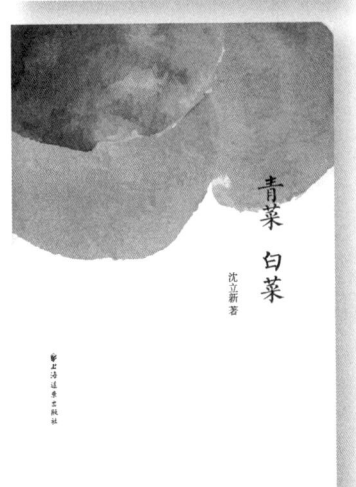

- **北窗　南窗**
- **青菜　白菜**
- **美轮　美奂**

老上海人、浦东本土作家沈立新的散文、诗歌集，三本书籍由上海远东出版社分别于 2016 年 1 月、2018 年 8 月、2017 年 1 月陆续出版，定价均为 38 元。

《青菜　白菜》是作者在不断发展的城市化进程中寄托乡愁，用优美的散文语言记述上海人、浦东人对家乡的珍爱，讲述过往的老宅、安静的时光和饶有趣味的往事，展现了浦东往日生活的点点滴滴。

《北窗　南窗》紧跟浦东开发开放的脚步，展现了作者亲历和见证的"天翻地覆"的现代生活，在语言风格上延续首本，文字简单，别样情怀。

《美轮　美奂》是一本诗集，作者给日常经历做"剪影"，从简洁的诗韵中品味现代生活。

□ 岁月履影
——曹路民间老照片集萃

张惠民编著，浦东新区曹路镇精神文明建设委员会2018年12月印。

张惠民，曹路文化站原负责人，从事群文工作40余年，业余爱好文学创作，热衷搜集、抢救本土民间文化，研究当地历史、风物，现为中华诗词学会会员、浦东新区作家协会理事等。本画册收集500多幅照片，是张惠民积累数十年摄影资料、查阅相关志书并广泛收集编写而成的一册珍贵图文集。其中428幅是具有10年以上历史的老照片，大部分为首次公开发表，它的付印为曹路抢救并保存了一份难得的文史档案。

本画册分列18个栏目，既是对祖国改革开放40周年的回溯，对浦东开发开放28年的致敬，也是作为对曹路"撤二建一"18年的纪念。

□ 滨海留痕　夕阳漾影：王海连摄影作品集

王海连主编，天马出版有限公司2016年7月出版。

王海连，上海市摄影家协会会员，多年从事宣传通讯报道工作，拍摄过"土记者""赤脚医生"等大量照片，在《人民日报》《解放日报》《文汇报》《新民晚报》上多次登载照片与文章。本画册是王海连作为一名摄影爱好者用光影礼赞祖国大好河山、家乡美景风貌、乡亲音容笑貌的一本佳作，达到"滴水见太阳"的初衷，折射出时代发展和社会变迁。本画册分为华夏剪影、滨海留痕、异域风光、迪苑今昔、群芳吐艳五个部分。

☐ 炎培中国画院作品集

上海市浦东中学 2017 年 12 月编印。

浦东中学是一所有着深厚文化底蕴的学校，自创办以来，秉持"中西融合、西为中用"的办学理念。由此培养了不少书画名家，创建了"炎培中国画院"这一书画艺术教学和传承的平台，更形成了浦东中学校友中普遍具有良好书法底蕴和字画鉴赏能力的传统。

2018 年是上海滩营造业宗师杨斯盛逝世 110 周年，也是浦东中学创办 111 周年。为纪念杨斯盛，传承其"毁家兴学、教育救国"的精神，尤其是为了传承中华优秀传统文化，学校诚邀炎培书画院诸位名家创作精品，集结成册，传递出文化自信的时代强音。

☐ 权庐诗存

黄炳权著，上海市浦东新区文史学会 2018 年 5 月编印。

黄炳权（1900—1968）是川沙著名的爱国民主人士，早年就读于南洋公学，后追随黄炎培先生兴办教育，造福乡里、捐资造路造桥、办医办学，为一方乡绅楷模，参与抗日救亡，新中国成立后加入中国民主建国会，其间主持浦东同乡会会务，参与创建五三中学。

本诗集忠实地记载了自 1929 年到 1968 年这 39 年间，黄炳权先生参与上海地区爱国民主运动和民族工商业发展的工作，以及从新中国成立前后通过自觉的新民主主义和过渡到社会主义的思想改造的艰难历程。

七、历史·地理

烽火浦东
——红色革命故事

裴玉义主编，文汇出版社 2023 年 4 月第 1 版，定价 32 元。

为认真学习贯彻落实党的二十大精神，传承红色基因，弘扬爱国主义和革命英雄主义精神，凝聚起新征程上浦东打造社会主义现代化建设引领区的宏伟力量，区委党史办组织编撰了本书。全书汇编了新民主主义时期浦东地区党员骨干、英雄先烈为民族独立和人民解放而英勇斗争的红色故事 51 篇，其中不乏一些此前鲜为人知的历史场景和人物经历，史实翔实，文字凝练，是一本具有较强时代性和可读性的浦东红色文化普及读本。

抗战堡垒与红色摇篮
——亲历者手记与口述实录

上海市新四军历史研究会浙东浙南分会、中共上海市地下组织斗争史研究中心、上海市浦东新区文史学会 2014 年 8 月编印。

本书是一本纪念原浦东东海中学（现上海市大团中学、大团高级中学）及弘道小学（现浦东新区向阳小学）建校 70 周年暨抗日战争胜利 70 周年的手记口述专辑。在抗日战争最艰苦的阶段和解放战争时期，两校在一批中共早期党员的组织下，接纳了许多抗战进步人士，掩护、培育了大批工农子弟与烈士后代，为浦东新民主主义革命的胜利作出了积极贡献。在迎接与抗战胜利同年的校庆之际，本书编委会组织曾就读于两校的校友、先烈后代，编撰了这本回顾校史、追忆烽火年代、弘扬先烈精神的专辑。全书收录文章 55 篇。

□ 那一年　我们正青春

上海市浦东新区关心下一代工作委员会、上海市浦东新区文史学会2022年10月编印。

本书是一部视角独特、故事性强的红色文化书籍，选取51位（组）在浦东新民主主义革命、社会主义革命和社会主义建设时期具有一定影响的前辈、先烈，主要通过其后人、亲友或其他亲历者、见证者的记载和回忆，讲述他们在风云年代少年立志、顽强斗争、为党和人民的事业无私奉献的青春华章。所记人物从辛亥革命、五四运动前辈到工人运动、地下党骨干，从抗日战争、解放战争的革命将士到抗美援朝、屯垦戍边的新中国卫士，展现了一幅激荡百年的红色画卷，折射出炽热的家国情怀，对于广大青少年树立正确三观、当好中国特色社会主义事业接班人具有深刻教育意义。

□ 南渡浙东第一船
——书院镇一家人的真实故事

上海市浦东新区书院镇、上海市浦东新区文史学会编，主编李国妹，上海社会科学院出版社2021年4月第1版，定价58元。

本书是编者在偶然机缘下发掘出书院镇一家三代典型人物各具特色而又精神相通的红色故事，通过采访亲历者、见证者和征集大量史料编撰而成。书中主人公，一是抗日战争时以自己经商所用的高梢船运送第一批淞沪抗日将士南渡浙东的"党外英雄"黄矮弟，二是黄矮弟的女儿，扎根边疆的优秀知识青年、退休后发挥余热服务农村老人的黄素新，三是黄矮弟的外孙，以满腔热情投身浦东开发开放和社会公益的知识型企业家张斌。全书通过一家三代"凡人英雄"的故事，从一个侧面展现了浦东革命年代和社会主义建设时期的风云往事，以及年轻一代的成长与奉献，是一本发掘身边红色基因、传播浦东红色主旋律的鲜活教材。

☐ 浦东英烈（第一辑）第一次、第二次国内革命战争时期
☐ 浦东英烈（第二辑）抗日战争时期
☐ 浦东英烈（第三辑）解放战争时期

《浦东英烈》编写组编，上海人民出版社出版。第一辑于 2013 年 9 月出版，定价 28 元；第二辑于 2015 年 3 月出版，定价 35 元；第三辑于 2016 年 11 月出版，定价 58 元。

浦东具有深厚的红色基因，是近代上海工人阶级队伍的重要发源地，是抗日战争、解放战争时期上海乃至长三角地区的重要战场，涌现出大批优秀的共产党人和英雄先烈。本书是一部纪传体式红色书籍，旨在在新的历史条件下更好地唱响红色文化主旋律，以先烈崇高精神激励浦东人民为新时代浦东高水平改革开放而砥砺奋进。

全书根据历史时期分辑，共记述了 83 位浦东著名英烈人物，以庄严、生动的笔触讲述他们的生平经历、革命生涯和功勋影响，并配以珍贵的历史图片，书末还附有相应历史时期的英烈名录。

☐ 日月新天
——上海解放亲历者说

中共上海市委党史研究室、政协上海市委员会文史资料委员会编，上海人民出版社 2019 年 5 月第 1 版，定价 78 元。

1949 年 5 月，在党中央的坚强领导和人民解放军第三野战军的浴血奋战下，上海地方党组织团结带领各阶层人民，共同迎来了上海的解放。在庆祝新中国成立 70 周年之际出版的本书，汇集了 36 位亲历者、见证人有关上海解放过程中真实往事的回忆和口述文章，从不同视角，以鲜活细腻的笔触、饱含深情的讲述，展现了上海这座光荣的城市迎来日月新天的壮丽画卷，其中包含高桥、川沙、周浦等发生在浦东地区的三次著名战役，以及浦东军民开展护厂护校护店等斗争、迎接解放的故事。

七、历史·地理　165

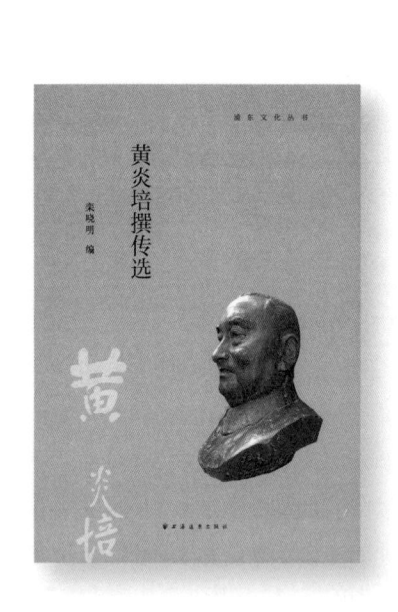

☐ 杨培生画传

中共上海市委党史研究室、龙华烈士纪念馆编，沈申甬著，上海人民出版社 2021 年 7 月第 1 版，定价 48 元。本书是"龙华英烈画传系列丛书"之一。

出生于浦东川沙的杨培生烈士，是中国共产党早期杰出的工人运动领袖，1925 年五卅运动后入党，先后任上海铁厂总工会委员、上海总工会委员长，并在中共浦东部委负责组织工作，大革命失败后牺牲。在庆祝中国共产党成立 100 周年之际出版的本书，以大量珍贵的历史图片配以生动流畅、富有场景感的文字介绍，展现了杨培生为党的发展壮大和人民解放事业不懈奋斗的光辉一生，是一本弘扬早期共产党人信仰力量和献身精神的生动教材。

☐ 黄炎培撰传选

栾晓明编，上海远东出版社 2022 年 8 月第 1 版，定价 88 元。本书是浦东新区地方志办公室组织编撰、分期出版的"浦东文化丛书"之一。

黄炎培是近现代著名的爱国民主人士、教育家、藏书家和图书馆学家，其毕生经历也是我国近现代史的缩影。本书精选黄炎培为近百位近现代名人如董必武、任弼时、蔡元培、何香凝、陈嘉庚、茅盾、邹韬奋等所作的传状、碑铭等文稿，按照体裁分为传、行略、记、谥议、碑、墓志、哀诔、祭文、像赞、书、寿序、题跋考证等门类。文稿形成年代自清光绪三十四年（1908）至新中国成立后的 1961 年，从中可见黄炎培在中国近代化进程中的广泛参与、对中国共产党领导的新民主主义革命和社会主义建设事业的鼎力支持，可见其身处变革年代既传承旧学又大胆创新的写作手法。

三林历史名人录

三林镇文广服务中心 2012 年 1 月编印。

三林镇自千余年前的宋代始建以来，逐渐发展成浦东沿江地区一个物阜民丰、文化丰蕴的特色城区，也涌现出无数青史留名的先贤才俊。进入 21 世纪以来，在"撤二建一"的新三林镇着力推动建设经济强镇、文化名镇、都市重镇的新征程上，文广服务中心编撰此书，对于弘扬三林人文精神、激励今人再创新业具有深刻意义。全书选录三林自宋代林乐耕始建以来直至新中国成立后的各界名人 64 位，涵盖文化大家、科举仕宦、乡贤闻人、民间艺人、革命将士等，除编选每人生平介绍外，还配以大量其生活工作地、代表作等的插图，形成立体化的人物阅读体验。

三林塘南园储昱传

储嘉康编著，上海南园文化传播有限公司 2018 年 8 月编印。

三林镇是浦东沿江一片物华天宝、人杰地灵的宝地，自宋代始建以来，演绎了无数动人故事。明代弘治年间，储璇、储昱父子举家兴办筠溪义塾，开创了三林渔樵耕读、尊师重教的一代新风。本书作者储嘉康作为储昱后人，十余年来追寻家族历史、广为考证史料，编撰形成本书以志纪念和传承。书中在水乡三林历史文脉的大背景下，展开储昱家世及其一生经历、功业的记述，并汇编了储氏家族的年谱、家训、诗词、墓志铭等附录资料，展现了一代名士的风采与情怀，也让读者管窥浦东家族文化的源远流长和底蕴深厚。

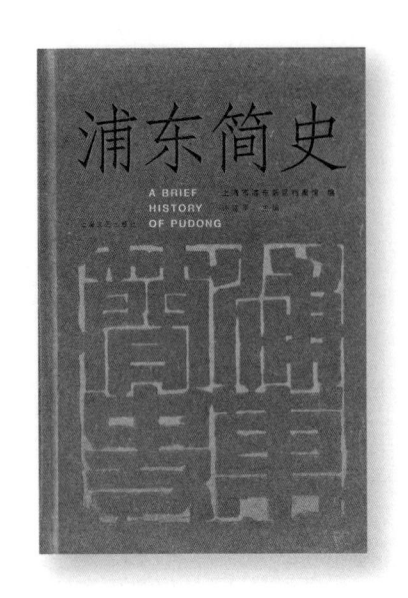

浦东简史

上海市浦东新区档案馆编，主编许建军，上海文艺出版社 2016 年 7 月第 1 版，定价 180 元。

本书是区划调整后新浦东的第一部通史著作。以浦东自唐代成陆迄今的时间演进为经线，以重大历史事件、人物和现象为纬线，运用历史唯物主义观点和融通古今的宏大视野，全面系统地记述了浦东区境内政治、经济、社会、文化、民生等方方面面的变迁和发展，着重记述新中国成立以来，特别是改革开放以来的巨大发展和跨越。

全书近 60 万字，分为七大篇章，分别是"厚重的历史舞台""经济与交通""碧血润沃土，丹心守家园""造福桑梓，乡情认同""多彩的社会生活""从梦想到实践""浦东历史人物"。书末附录公元 713 年至 2015 年的浦东大事记（713—2015 年），起到索引和补缺的作用。

本书立足于今天努力实现中华民族伟大复兴中国梦的视角来观照浦东的历史，在结构编排上富有创意，在历史追溯上具有深度，史实描述准确细腻，语言风格流畅清新，洋溢着深厚绵长而又激越奋进的家国情怀，生动彰显了开放包容、独立自主、创新创业、追求卓越、爱国如家、勇于担当的浦东人文精神，不仅是一部有助于各界人士了解浦东历史发展全貌的优秀通史著作，而且对于加强档案资源综合开发利用及今后开展专题编研提供了线索和思路。

浦东历史上的今天

上海市浦东新区档案局（馆）编，文汇出版社 2020 年 6 月第 1 版，定价 280 元。

本书以"日"为单位，在内容上撷取 1949 年至 2019 年间当日浦东历史上有关浦东经济社会发展和人民生活的重要事件进行描述，重温浦东在政治、经济、社会、文化、科技等发展中的重要历史瞬间。

全书收录了 4000 多条记事，对其中近 900 件具有典型意义的事件进行了专题叙事，此外还收录了事件相应的 300 多幅图片。书后附索引，以备查考。

往事浦东
往事浦东②

上海市浦东新区政协学习和文史委员会分别于 2013 年 12 月、2014 年 12 月编印，主编汤明飞。

《往事浦东》共收录 36 篇记录浦东发展的生动故事，全书分为中坚灼燃的星火、民主建言的声影、产业孵化的插曲、传承文化的音符四个篇章。书中资料主要由区政协委员、民主党派、工商联成员、统一战线团体及其他亲历浦东建设发展的热心人士撰写或口述，回眸在浦东学习、生活、工作的难忘岁月，字里行间洋溢着对浦东的热爱和憧憬，为研究浦东开发开放史提供了有益的参考借鉴。续编的《往事浦东②》收录了 29 篇来自基层工作者和企业引领者所述在浦东奋斗的故事，包括曾任浦东政协委员、特聘委员，驻浦东著名跨国公司老总，外省市进军浦东新兴企业管理者，具有较大影响力的本土企业及农业合作社领军人物等撰写的创业亲历、史料故事等。

七、历史·地理

□ 浦东进士举人名录

上海市浦东新区政协学习和文史委员会、上海市浦东新区党史地方志办公室、上海市浦东新区档案馆编，主编柴志光，华夏文化出版社2013年12月第1版，定价56元。

本书根据地方志书记载，并参考硃卷、家谱族谱、人物文集等档案资料编写而成，共收录浦东籍包括闵行地区的进士、举人和贡生477位，历史跨度为1126年至1909年，所收录人物分为文科进士、武科进士、文科举人、武科举人、贡生五大类，每类以科举考中的朝代和年份为序，记述其生平、主要事迹、著作名录。书后附中国古代科举制度简介和人名索引。

□ 浦东早期留学人员选录（1872—1949）

上海市浦东新区政协学习和文史委员会、上海市浦东新区党史地方志办公室编，主编景亚南，上海大学出版社2016年12月第1版，定价38元。

本书主要收录近代以来自1872年到1949年新中国成立之前，浦东地区出国留学与游历的人物及其纪事。所收录的105位留学人员中既有第一批官派留美幼童，也有"庚子赔款"后派赴世界各地学习先进知识的留学生，还有自费远渡重洋求学的人士。他们在海外历经磨难、勤奋学习，完成学业后回来报效祖国，为国家富强、社会进步以及民族复兴作出了无可替代的贡献。

全书分为留学美国、留学欧洲、留学日本、留学苏联、留学多国、浦东早期外出游学人员六大部分。书后附《浦东早期出国留学人员年表》，列明其姓名、生卒年月、留学时间地点、所获学位等信息。

南汇红十字志

《南汇红十字志》编纂委员会编，主编丁超英，方志出版社2012年3月第1版，定价120元。

本志上限为1924年南汇红十字会成立，下限至2008年12月，集中记述南汇区（县）红十字会组织机构的历史沿革、红十字事业的历史发展进程，以及为红十字事业作出贡献的人和事，重点记述南汇区红十字会自2001年7月单独建制以来工作历程和取得的业绩。

本志分章、节、目、子目四个层次展开叙述，除凡例、序、总述、大事记、附录、编后记外，正文设组织机构、救灾、救护、救助、少儿住院基金、红十字社区服务、志愿服务、红十字青少年活动、红十字宣传、红十字创新工作、工作交流与理论研究、镇和街道红十字工作和人物荣誉13个章节。

南汇人事志

《南汇人事志》编纂委员会编，主编王裕舟，方志出版社2012年3月第1版，定价120元。

本志上限为清雍正四年（1726）南汇建县，下限为2009年8月，比较完整地记述了南汇地区自建县以来人事行政工作的形成、发展和变化，着重反映了新中国成立后南汇的人事制度，特别是改革开放以来南汇区（县）的人事制度适应从计划经济到社会主义市场经济的转变所作的改革和调整。

本志分章、节、条、目四个层次展开，全志除凡例、序、总述、大事记、附录、后记外，正文设人事机构、新中国成立前县级机构设置、机构编制、干部使用、考核奖惩、培训、专业技术职务评聘、工资福利、离休退休退职离职、人事制度改革和干部人事统计11个章节。志前附42张彩色照片及南汇区政区图。

七、历史·地理

南汇工业志

《南汇工业志》编纂委员会编，主编顾天敏，方志出版社2013年6月第1版，定价150元。

本志上起唐开元元年（713），下迄2008年12月，大事记延伸至2009年8月南汇区行政区域划入浦东新区之时，全面记叙了南汇工业的发展历史，客观反映了历代工业的兴衰和成功得失，尤其是新中国成立后的南汇工业建设所取得的成就。

全志由总述、大事记、正文、专记附录等组成。正文分为古代盐业、个体手工业、私营工业、城镇工业、乡村工业、三资企业与港澳台资企业、企业改制、招商引资、工业园区、工业科技、工业普查与工业统计、行政机构与社会团体、工业管理、人物14章。志前附93张彩色照片及1972年南汇县全境示意图卷和南汇区政区图。

百年浦东的红色记忆

上海市浦东新区档案馆、上海市浦东新区文史学会编，主编唐国良，上海社会科学院出版社2021年12月第1版，定价99元。

本书是一部上海浦东近百年红色革命史。全书记录了中国共产党成立以来，上海浦东地区在党组织的领导下所进行的革命斗争以及改革开放的历史进程，共收录文章99篇，围绕在浦东这块土地上所发生的人和事，包括中国共产党建立初期领导的革命运动、抗战时期如何建立抗日根据地、和平时期的建设成就，尤其是浓墨重彩地反映了其改革开放以来发生的巨大变化。

史海钩沉　信念永存
——浦东新区党史档案集萃

上海市浦东新区档案局（馆）2017年10月编印。

本书以翔实的史料介绍了浦东党史大事记、浦东地区党组织引领浦东人民抗击侵略、建设家园、再创辉煌的事迹，时间范围自1919年新民主主义革命开端直至浦东开发开放以来。

全书分为四个部分，第一部分为"砥砺跋涉"，以纪年方式铺陈翔实史料；第二部分为"首开先河"，翔实介绍了浦东在历史上创造的多个"第一"；第三部分为"红色记忆"，以"丹书汗青""英烈不朽""再铸辉煌"三个主题记录浦东红色故事；第四部分为"故地汇文"，以"遗迹踏寻""史料存簿"两个主题收录浦东红色故地和革命战争史料。

《申报》中的浦东抗战

上海浦东图书馆、上海市浦东新区文史学会2015年9月编印，主编景亚南。

本书从《申报》中选编收录了抗战期间有关浦东的报道271篇，记录了许多关于浦东抗战的人物、事件，如黄炎培、穆藕初、杜月笙等社会名人、商界领袖的抗日言行，浦东炮战等战事，浦东忠义救国军、抗日游击队同日伪军的斗争，普通民众的抗争，以及日本侵略者的暴行。通过再现抗战期间的新闻报道，揭露当时日本帝国主义的侵华罪行，并展示出民族危亡之际中国军民特别是上海浦东民众团结抗日、保家卫国的英勇大无畏精神和气概。

☐ 抗战中的浦东史料选编

浦东新区政协学习和文史委员会、浦东新区文物保护管理所、上海市浦东新区文史学会 2015 年 8 月编印，主编唐国良。

本书是一部全面系统展现浦东抗战历史的史料汇编，收录 58 篇文章，记录了抗战时期的浦东人、浦东事，有周大根、连柏生、林达、朱亚民等抗战英雄，有张闻天、黄炎培、郭沫若、刘鸿生等社会名人，也有新四军淞沪支队、边抗四大队、"51 号兵站"、浦东同乡会、抗日救国宣传团、洋泾中学等各界团体组织在抗战中的英勇事迹，还揭露了日军在浦东的侵华行径。

本书还原了浦东抗战中的史料，让后人获得历史警示，缅怀先辈的英雄业绩，弘扬伟大的爱国主义精神。

☐ 图录浦东抗战

浦东新区党史地方志办公室、浦东新区文物保护管理所、上海市浦东新区文史学会 2015 年 8 月编印，主编唐国良。

本书是为纪念世界反法西斯战争暨抗日战争胜利 70 周年编辑，通过挖掘历史典藏与现实采访，精选了 300 余幅图片，加以文字史料解读，记述浦东人民英勇抗敌、浴血苦战的动人场景。图录勾勒了浦东抗战的重大事件，择要介绍典型人物与斗争遗址，并适当链接细节故事，做到以图叙史，图文并茂。

全书分历史上的浦东抗倭卫乡斗争、局部抗战时期的浦东人浦东事、淞沪会战浦东战场纪事、转战浦东浙东的新四军淞沪支队、抗日民族统一战线中的浦东、奔走他乡坚持抗战的浦东人、不能忘记的抗战和附录八个部分。

浦东抗日战争史料选编

上海市浦东新区政协学习和文史委员会、上海市浦东新区党史地方志办公室 2015 年 8 月编印。

本书选取了 1932 年 1 月至 1945 年 8 月，在浦东地区形成的相关抗战史料及浦东民众在各地参与抗战的事迹资料共 190 篇。这些资料均选自抗战亲历者所写的回忆录、日记、信函和当时报刊的报道和有关机构的档案资料，旨在纪念这场伟大的民族解放战争，缅怀为这场战争而献身的无数英烈。

全书分为论抗战、侵华日军部分罪行史料、抗日将领回忆录、浦东抗日游击队、有关浦东抗战报道、浦东民众与抗日、函电与日记七个部分。书前附黑白图片 30 张。

淞沪支队战旗飘

上海市浦东新区政协学习和文史委员会、上海市浦东新区文史学会、上海市新四军历史研究会浙东浙南分会浦东支会、上海市浦东新区新四军历史研究会编，主编唐国良、张建明，上海浦江教育出版社 2017 年 8 月第 1 版，定价 60 元。

本书是为纪念中国人民解放军建军 90 周年而策划编纂，书中主要记录了在浦东大地上发展、壮大的革命队伍——新四军淞沪支队（浦东支队）的发展历程，同时还收录了淞沪支队将士及相关人员名录。

全书按历史发展顺序分为 14 个章节，从抗战初期直至抗美援朝胜利。

七、历史·地理　175

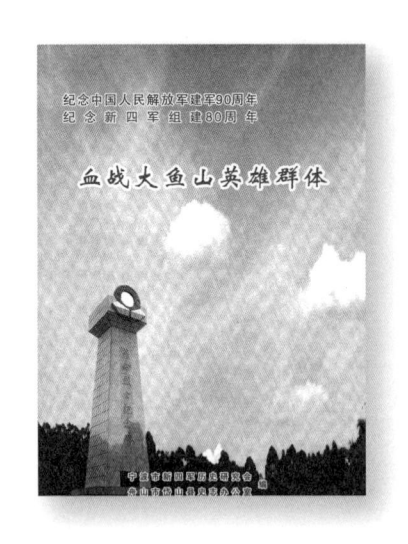

□ 血战大鱼山英雄群体

宁波市新四军历史研究会、舟山市岱山县史志办公室 2017 年 9 月编印。

本书是为纪念中国人民解放军建军 90 周年、新四军组建 80 周年而编写。1944 年，为了开辟海上抗日游击根据地，新四军浙东游击纵队司令部派遣海防大队一部赴舟山群岛的大鱼山岛，由于汉奸告密，500 多名日伪军向大鱼山岛发起海陆空联合进攻。在孤军无援的艰难情况下，海防一中队顽强抵抗，与 8 倍于己的日伪军浴血奋战 7 个多小时，毙伤日伪军 70 余人。终因寡不敌众，弹尽粮绝，43 名战士在这次战斗中壮烈牺牲，烈士中 29 人为浦东籍。

全书分为三部分："史料的征集和整理""宣传与研究""寻觅忠魂、传承精神"，收录了有关大鱼山战斗的访谈、回忆、报道、宣传等 47 篇文章。

□ 不忘初心：父辈那个年代的故事

宁波市新四军历史研究会、上海市革命老战士后代联谊会浦东新区分会、上海天和艺术馆 2018 年 9 月编印。

全书以浦东革命烈士后代的视角回忆其父辈们在抗战中的感人故事，反映林达、朱人秀、朱人俊、方晓、钟虹、胡俊、连柏生、储贵彬、黄矮弟等浦东革命前辈、先烈的英雄故事，共收录 13 篇文章。

李平书档案资料选编

上海市浦东新区政协学习和文史委员会、上海市浦东新区党史地方志办公室、上海市浦东新区档案馆、上海市浦东新区文史学会2014年编印，主编柴志光。

本书主要为纪念李平书先生诞辰160周年，收录了李平书的履历、其撰写的部分公文，以及他在政治、外交等各方面的言论、与友人的书信往来等内容。选编的资料来源于档案、报刊、书信、专家的著作、地方志书和人物日记。

全书分为七个部分，第一部分为"履历选"；第二部分为"公文选"，包括知县公文、沪军都督与民政总长之公文、制造局总理公文、沪军都督府民政总长公文、江苏都督付民政司长公文等；第三部分为"言论选"；第四部分为"书信选"；第五部分为"序跋选编"；第六部分为"李平书著作简介"；第七部分为"李平书研究编年录"。

杜维善口述历史

杜维善口述、董存发撰稿，上海书店出版社2019年7月第1版，定价78元。

杜维善是杜月笙之子，知名收藏家和古钱币研究专家。他口述自己耳闻目睹，甚至参与的关于父母家人好友的日常生活，特别是一些重大事件，首次披露独家资料，例如杜月笙借给章士钊两万大洋、戴笠死前与杜月笙通电话、担当两岸和平信使等。口述者与撰稿人共同筛选了中外历史和坊间各种传记文学资料，再现真实的杜月笙、姚玉兰、孟小冬以及蒋氏夫妇家人的日常生活。同时，本书收录了其经历的京剧和收藏圈趣闻轶事，还首次公开了自藏的几十幅照片。

全书分为"我的父亲　海上闻人杜月笙""我的母亲　一代名伶姚玉兰、孟小冬""思古楼主　古钱币收藏"三个部分。

七、历史·地理

☐ 上海市浦东新区地名录

上海市浦东新区地名管理办公室编，中华地图学社 2018 年 6 月第 1 版，定价 220 元。

本书是全面反映浦东新区第二次全国地名普查（补查）工作成果，为社会提供标准地名服务而编辑的地名录，所录地名主要是依法批准的地名和依据《上海市地名管理条例》规定予以确定的地名。

本地名录编录标准地名共计 9245 条，包括陆地水系、行政区域、群众自治组织、非行政区域、居民点、交通运输设施、水利电力通讯设施、纪念地旅游景点、建筑物九大类目名录，同时附有浦东新区地图及所属 36 个街道（镇）地图。书后有地名首字音节索引，本地名录资料和地图上地理信息资料截至 2014 年 12 月底。

☐ 南汇老地名

上海市浦东新区地方志办公室、上海市浦东新区地名管理办公室、上海市浦东新区文史学会编，主编葛方耀、胡敏，上海辞书出版社 2011 年 7 月第 1 版，定价 100 元。

本书选择了影响相对久远的南汇地名 342 个，时限为 1949 年 10 月以前，少数具有特殊意义的地名突破入编时限，随文配图 450 余张，通过生动的故事、相应的考证，介绍了这些地名的来历、意义及地名中蕴藏的故事。

本书分为上下两册。上册为成陆较早的周浦、康桥、航头、新场、六灶地区，下册为惠南、祝桥、宣桥、老港、大团、临港地区。

☐ 三林塘传奇

葛红兵、储明昌主编，上海文化出版社 2012 年 12 月第 1 版，定价 28 元。

本书通过挖掘三林塘的"奇人、奇事、奇情"，展示三林塘的文化魅力。全书从不同角度，用文学性的笔调讲述三林塘的故事，既是一部古镇文化活态保护的文学专书，又是一本可读性强的传奇故事集。

全书分为历史篇、人物篇、风景篇、轶事篇、物产篇和风情篇六个部分，内容涉及三林塘的起源故事、家族传承、名人轶事、风物特产、文艺源流等。同时还附一篇对三林塘地方文化作理性思考的文章，以此作为对传奇故事的必要补充。

☐ 高桥新时代

上海市浦东新区高桥镇人民政府编印。

全书收录了 27 篇关于高桥人、事、物的文章，展现了高桥的过去与现在，内容有高桥绒绣、高桥松饼等风物特产，有著名的仰贤堂、海滨浴场、老宝山城遗址，有画家钱惠安、爱国人士王申甫等，也有现代化经济开发、城乡建设、文化卫生等各方面的发展变化。

全书分为"高桥 讲不完的故事""高桥 持续再造之路""高桥 庭院美丽人亦美""高桥 永远难忘的记忆"四个部分，书中配有相关插图。

☐ 古镇高桥

《古镇高桥》编委会编，上海辞书出版社 2022 年 12 月第 2 次印刷，定价 68 元。

本书共收录了 6 篇文章，分别为《一桥飞架城市沧海桑田》《名人辈出的长虹之桥》《一把泥刀光泽上海》《留住即将消失的美味与风情》《色彩斑斓 老宅人家》《惬意生活的文化浪漫》，介绍了高桥历代建置沿革的历史、高桥的文物古迹、历史建筑风貌、工匠名人、民俗风情、美食佳肴、现代农庄等，让读者从不同方面了解这个历史悠久的古镇，同时书中配有大量精美插图。

☐ 合庆风情

《合庆风情》编辑委员会编，上海锦绣文章出版社 2012 年 4 月第 1 版，定价 58 元。

本书通过图文并茂的形式，全面展现合庆的历史风貌、风土人情、名人轶事、歌谣方言等，勾勒出合庆地区历史文化的概貌。

全书分为六部分，第一部分"话说合庆"记述了合庆的四个特色即建筑、毛巾、奶牛和花边，第二部分"古今风物"记述了塘堤、宗教场所、近代建筑、现代景观等，第三部分"风流人物"选取了历史名人、革命英烈、将军、文化艺术家、劳动模范等，第四部分"民俗风情"记述了生活、岁时和礼仪习俗，第五部分"传闻轶趣"记述了古镇代表性景物，第六部分"民间文学"收录了地方方言、歇后语、谚语、民歌民谣、民间故事等。

☐ 合庆·百年揽胜

《合庆·百年揽胜》编委会编，上海大学出版社2021年9月第1版，定价88元。

本书收录有关合庆革命、建设、发展历史轨迹的具有代表性的综述类文稿。全书分为四个部分，共收录文章16篇。第一部分"红色记忆"，反映红色基因、迎接解放、社会主义建设、地方经济发展情况，第二部分"金色田野"，反映农村经济改革、乡镇企业发展等情况，第三部分"锦绣蓝图"，反映地方工业发展、村级经济发展、综合治理、村民自治等情况，第四部分"绿色发展"，反映建设美丽家园、推进乡村振兴、提升群众幸福指数等情况。

☐ 鹤沙千秋

陶玉鸣主编，上海社会科学院出版社2019年1月第1版，定价68元。

全书记述了浦东南部鹤沙地区的历史变迁、风土人情、名人轶事、奇闻传说等，展现了一幅异彩纷呈的鹤沙历史长卷。

全书分为五个部分，第一部分"鹤文化"，下设华亭鹤唳、华亭鹤诗赋、书圣诗仙与华亭鹤等内容；第二部分"盐文化"，展现盐业兴衰、盐场迁移与集镇形成；第三部分"地名传说"，讲述村落寻根、水径揽胜、庙堂探幽；第四部分"民间文化"，呈现民间传说、习俗庙会、传统技艺；第五部分"人物故事"，讲述当地名门望族、乡绅贤达、社会名流、抗日斗士、锄奸英雄等事迹。

七、历史·地理　181

□ 悦读塘桥

浦东新区塘桥街道办事处、上海浦东时代文化发展研究院2019年8月编印。

本书以"一事一议"的写法，记述了塘桥的隶属沿革、人文典故，回顾了近代工商业发展轨迹如中国酒精厂、浦电公司、塘工善后局的成立，讲述刘鸿生、王艮仲、高守智等名人事迹。同时呈现了浦东开发开放后塘桥的新发展新跨越，如由由饭店与三大开发公司的故事，杨高路、南浦大桥的建设，塘桥的"潮汐式停车"、党建创新路等，从书中能看到塘桥的前天、昨天和今天。

全书分为上篇"古镇历史钩沉"和下篇"现代塘桥"，共收录37篇文章。

□ 康桥情怀

姚海洪主编，文汇出版社2021年6月第1版，定价98元。

康桥在开发初期大力开展基础设施建设，优化投资环境，逐步形成了电子信息、汽车及零部件两大主导产业，近年来又逐步形成了生物制药和智能制造两大战略性新兴产业，同时还加强城镇化综合治理，不断提高城镇化管理的精细化水平，深入开展"美丽乡村"建设，丰富群众的精神文化生活，使康桥成为一个宜居宜业的美好家园。

本书共收录了31篇文章，充分展示、记录了康桥镇在浦东开发开放30年中的变化和成就。

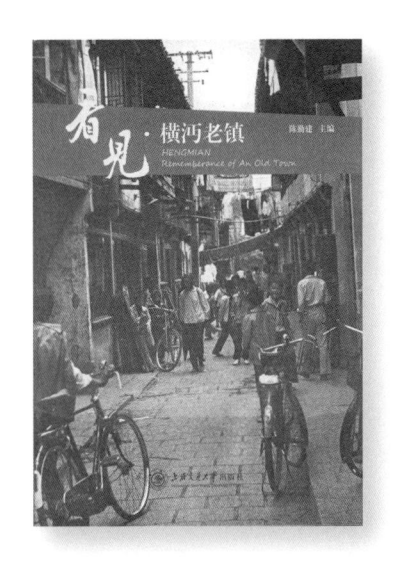

看见·横沔老镇

陈勤建主编，上海交通大学出版社2019年1月第1版，定价88元。

本书所言"横沔"，以康桥、横沔两镇合并前的横沔老镇为区域范围，主要聚焦集镇中心——川周公路以南，以河西街、中大街、花园街和庙场街几条主要街道为纵横轴线辐射的传统聚落范围，重点书写1949年前后的横沔集镇风貌。

全书分为引子、河流、街道、人们四个部分。其中，"河流"包括交通、取水、桥梁、馈赠、乐园和民约等内容，"街道"包括河西街、中大街、花园街和庙场街等内容，"人们"包括故事、时令、信仰、吃经和相帮等内容。

周浦小志

姚养怡辑，中共上海市浦东新区委员会党史办公室编，上海书店出版社2021年12月第1版，定价68元。

本书系自手抄本整理而成，由编者将手稿整理、点断、标注标点，以简体横排形式出版，是一部记录周浦镇的地方志书。主要内容采自新旧县志以及先贤著述，另有40%的篇幅为闾里见闻，志书断限到1949年初夏止。志书所涉地域以周浦镇五图、八图、十图为限，地址不详的不录。

分类依照旧县志惯例，包括溯源、位置、水利、疏浚、桥梁、交通、建置、学校、艺文、选举、人物、名迹、风俗、物产、庙宇、工商、兵事、轶事、遗闻和杂志等部分。附录为储里识小录——人物小志。

浦东新区宗教场所导览

浦东新区民族和宗教事务办公室2019年4月编印。

本书是一本有关浦东新区宗教场所的导览册子，分为佛教、道教、伊斯兰教、天主教和基督教五类宗教的场所，书中简要介绍了每个场所位置、历史、联系电话和交通线路，并配有场所彩照。

全书收录佛教场所24座，道教场所16座，伊斯兰教场所1座，天主教场所28座，基督教场所39座。

浦东早期历史探微集

周敏法著，2013年3月编印。

周敏法先生是浦东新区文史学会资深专家，出生于浦东，有长期军旅生涯，从事多年文史研究，于退休后花费数年时间编研而成此书。本书侧重探索四个方面：浦东早期历史、高桥早期历史、尚有争议历史、少人问津历史。著者认为，作为浦东的文史工作者，把浦东早期历史搞清楚，责无旁贷。

本书分为四大部分：综合部分，关于界浜、吴淞江和黄浦江，关于高桥历史，关于沈都远。

泥城史韵

《泥城史韵》编纂委员会编，浦东新区泥城镇党委、泥城镇人民政府2014年10月编印。

泥城镇位于浦东新区东南部，具有浓厚的滨海文化特征、丰富的地方民俗和可歌可泣的红色记忆，区划调整后，借力临港新片区辐射效应，城市化进程获得迅速发展。为系统记录泥城的历史变迁，弘扬泥城的人文精神，展现新时代泥城的独特风采而编写本书。全书分史海寻踪、红色记忆、时代精英、名优特产、民俗风情、民间文艺、丰硕成果七大部分，全面展现了泥城自清代逐步成陆以来的历史脉络、城乡面貌、红色历史和人民生产生活情景，展现了浦东开发开放以来泥城经济社会发展的新成就。

李平书传

冯绍霆著，上海书店出版社2014年1月第1版。定价28元。

李平书为近代上海史重要人物。生于医业世家，早年入仕，历任知县等职，曾入张之洞幕府，在晚清社会转型的进程中，与时俱进，先后主持一系列近代上海市政建设和社会改良活动，又在辛亥革命光复上海之役中发挥了重要作用，并出任沪军都督府民政总长兼江南制造局局长。创立医学会，创设中西女子医学堂、南市上海医院（今上海市第二人民医院），开办华成保险公司等。

本书依托翔实、可靠的史料，全面梳理、评判了李平书富有历史意义的一生。全书分12章，按李平书一生的轨迹和活动编排，文风清新，可读性强。

☐ 浦东开发开放口述资料选编

中共上海市浦东新区委员会党史地方志办公室 2018 年 12 月编印。

本书以口述历史的形式,通过采访浦东开发开放的关键人物和亲历者,记录了浦东开发开放的背景、起源、发展过程以及取得的成就。书中记录了浦东开发开放的重大项目实施、经济发展腾飞、社会文化变革等方面的内容。读者可以深入了解中国改革开放的历程,以及浦东作为改革开放的重要地区所取得的成就和经验。

☐ 浦东口述史料(第六辑)

中共上海市浦东新区委员会党史办公室、上海市浦东新区地方志办公室 2013 年 10 月编印。

从 2008 年起,编者每年编印一辑丛刊。2013 年编者从基础史料开始做历史研究,并以浦东开发开放为主题,采集到一批浦东开发开放亲历者口述的史料。本辑主要收录曾在浦东工作过的老领导所讲述的浦东开发开放历史,资料主要来源于《浦东开发》杂志。

☐ 浦东口述史料(第七辑)

中共上海市浦东新区委员会党史办公室、上海市浦东新区地方志办公室、上海浦东历史研究中心 2015 年 11 月编印。

2015 年是浦东开发开放 25 周年、中国人民抗日战争暨世界反法西斯战争胜利 70 周年,丛刊第七辑收录了有关报刊上发表的纪念性文章若干篇,其中有口述历史的资料、若干篇有关浦东抗战的口述史料。本辑主要汇集报刊上的资料为主,相关采访工作将继续开展。

☐ 浦东史话三百题

潘建龙著，上海古籍出版社 2022 年 8 月第 1 版，定价 128 元。

潘建龙原任职于中共上海市浦东新区区委党史办公室，长期从事浦东文史资料的挖掘整理和编纂工作。本书以浦东开发开放为主题，围绕上海浦东的历史、开放、发展选材，分自然地理、建置变迁、红色记忆、开发开放、产业经济、城乡建设、科教卫体、文化生活、人物轶事 9 个专辑，采撷 300 余个突出主题，精选彩图 80 余幅。各题内容既相对独立，又有内在联系。本书既是一部书写浦东的简明大众读本，也是一部展示上海浦东开发开放 30 余年发展变迁的历史画卷。

☐ 浦东史诗

何建明著，上海文艺出版社 2018 年 10 月第 1 版，定价 88 元。

本书首次以长篇报告文学形式，从经济、政治、文化、社会、生态文明诸领域，全景展示浦东开发开放波澜壮阔的历史进程与时代画卷。它以作家视角聚焦中国改革开放的一片热土，将文学笔触直抵中国现代化建设的前沿，用沾泥土、冒热气、带露珠的浦东建设者们的动人故事，书写浦东开发开放近 30 年间取得的伟大成就。

作者在写作过程中，查阅逾千万字材料和文献档案，采访上百位浦东开发开放亲历者，实地踏访浦东城乡和现代化建设的火热现场。全书内容生动鲜活、大气磅礴，具有很强的文学感染力和可读性，是一部凝聚着作家脚力、眼力、脑力和笔力，直面当下、讴歌时代、弘扬改革开放的重大现实题材作品。

2022 年 11 月 9 日，《浦东史诗》首发俄文版。

☐ **浦东史志论稿**

杨隽编，上海远东出版社 2016 年 8 月第 1 版，定价 58 元。

本书是一本浦东新区史志工作者的研究论文集，主要收录浦东新区史志工作者几年来对浦东地方历史和史志工作的探索研究性文章。这些文章理论和实践相结合，是浦东新区史志工作者在工作实践中的深刻体会和理论认同，显示出浦东丰富多彩的文化特色。全书分党史研究、方志探索、年鉴编纂、史林稽古四大部分，收录文章 38 篇，反映了在浦东开发开放进程中史志工作者的敬业精神、业务能力和理论功底。

☐ **中国传奇：浦东开发史**

谢国平著，上海人民出版社 2017 年 6 月第 1 版，定价 68 元。

作者谢国平系《浦东时报》原副主编、《浦东开发》原主编。

本书从国家战略的高度观照浦东开发开放的策源和发展，真实地记录了浦东的历史变迁以及开发过程中的各种细节和传奇故事，由此折射出中国改革开放的曲折进程，获评上海市外宣领域的最高奖项"银鸽奖"。该书视角独特、资料翔实、脉络清楚、文笔流畅，不仅以写实的笔法串联了相关重大历史事件，还讲述了鲜活、真实的人物故事，对于读者理解浦东未来发展战略和新时代浦东承担的历史使命，有较强的现实意义。全书共分 15 章，是集可读性、知识性和学术性于一体的不可多得的一部佳作。

☐ 遥望钟楼

潘建龙著，上海远东出版社 2016 年 8 月第 1 版，定价 48 元。

作者潘建龙是中共浦东新区党史办、地方志办公室退休干部，从事浦东文史和浦东开发开放研究 30 余年，著述颇丰。本书是"浦东文化丛书"之一，旨在从见微知著的切入点来反映和记述浦东的历史文化、建设发展。全书分为浦东足音、旧痕新影、凡人烦事三个部分，共收录 84 篇文章，通过历史资料与作者亲历、采访所得相结合，以清新、大气的历史散文形式，展现浦东重要事件的溯源发展、知名地标的背后故事、美景风物的文化内涵，也抒写了作者自身职业生涯与浦东开发开放同行的难忘经历，是一本从文史工作者视角诠释浦东精神、记录浦东发展的优秀作品。

☐ 上海风俗古迹考

顾炳权编著，上海书店出版社 2018 年 1 月第 1 版，定价 68 元。

本书采用历史掌故与竹枝词相结合的方式，分门别类地记述上海的历史，其中征引的竹枝词近 1600 首，既是风土杂考之书，又是上海竹枝词的优秀选本，是上海史和民俗学研究者极好的参考资料。另附《上海竹枝词目录》一份，对所知的上海竹枝词以数字逐一序列，借此可查得所引竹枝词之出处、作者及写作年代、刊本情况等。书内有插图 100 余幅，有些采自《申江胜景图》《点石斋画报》，有些邀请专业人士绘制或拍摄，从而增加本书的形象性和历史感性知识。

□ 申报中的浦东

上海市浦东新区档案局（馆）、上海市浦东新区文史学会编，上海三联书店2019年5月第1版，定价280元。

《申报》原名《申江新报》，1872年4月30日在上海创刊，1949年5月27日停刊，是近代中国发行时间最久、具有广泛社会影响的报纸，历经晚清、北洋政府、国民政府三个时代，被称为研究中国近现代史的"百科全书"。

本书收录由《申报》报道，发生在浦东（主要是原川沙县、南汇县，少数涉及原上海县、宝山县、奉贤县）地域范围的新闻记载。有些事件虽不是发生在浦东，但有较大影响，亦予收录。

全书分上中下三册，结合历史上的重大时间节点，上册为1872—1921年（中国共产党成立），中册为1922—1931年（九一八中华民族抗日战争起始），下册为1932—1949年。按照"完整性、系统性、工具性、齐全性"的要求，系统、完整地搜集整理史料，精选汇编，全面反映了近代以来浦东开发的早期探索、浦东人民反帝反侵略斗争的光辉历程及浦东市民生活百态。

☐ 浦东新区村史

中共浦东新区委员会党史办公室、上海市浦东新区地方志办公室编，上海辞书出版社 2013 年 8 月第 1 版，定价 400 元。

本书系统梳理了浦东农村百余年的发展历史，各村上限以可能追溯的历史记述开始，下限统一为 2010 年 12 月 31 日。共收录浦东新区 392 个村，内容包括区位、耕地、交通、河道、地貌、人口变动、建置沿革、石桥祠堂、地名小考、宗教文化等历史状况，以及 2010 年底前各村的主要经济数据、人均收入和工商经济、社会事业、教育文化等方面的亮点内容，侧重各村特色，突出远近闻名的人、事、物。对近年来因开发而撤制的 145 个村亦有简要记述，以保存史料。

全书分为编辑说明、浦东新区概况、各街镇、附录、编纂人员名录和编后记等篇章，书前附彩色照片 70 张和 5 张不同时期的浦东地图。

☐ 中共上海市浦东新区历史实录 2011—2016
☐ 中共上海市浦东新区历史实录 2016—2021

中共上海市浦东新区委员会党史办公室编，上海人民出版社出版。

以编年体为基本体例，聚焦浦东新区近两个五年内，在上海市委领导下，在经济建设、政治建设、文化建设、社会建设、生态文明建设和党的建设等方面的发展历程、重要事件和取得的成就。

《中共上海市浦东新区历史实录 2011—2016》，2017 年 9 月第 1 版，定价 48 元，全面记录了上海市第十次党代会召开以来浦东新区 5 年各领域的成就。

《中共上海市浦东新区历史实录 2016—2021》，2022 年 6 月第 1 版，定价 88 元，全面记录了浦东新区第四次党代会以来的 5 年各领域的成就。

☐ 川沙名胜

《川沙名胜》编写组编,上海科学技术文献出版社 2018 年 1 月第 1 版,定价 68 元。

川沙是老浦东历史文化的核心和主要传承区域,有 460 余年的筑城史、200 多年的政府机构驻地史,2014 年川沙老城厢被授予"中国历史文化名镇"称号。本书介绍了 54 处川沙著名的名胜古迹,包括明古城墙、内史第、观澜书院、八团古镇、铁沙城、川沙大厦、鹤鸣楼等历史遗迹、文物保护点和新的地标名胜,在介绍建筑故事的同时讲述其背后的人文历史,展现千百年来川沙人民的奋斗画卷,是一本关于川沙乃至老浦东历史文化的优秀读本。

☐ 家在新场

上海市浦东新区新场镇人民政府编,上海文艺出版社 2015 年 11 月第 1 版,定价 45 元。

新场镇位于浦东新区中南部,成陆于距今 1300 年前的唐末宋初,因制盐业而兴市,进而设镇。新场镇拥有众多保存完好的历史文化遗存及浦东原住民生活场景,是少有的未遭建设性破坏的江南传统水乡古镇,被评定为国家级历史文化名镇、全国环境优美乡镇。

本书是新场镇政府在新时代浦东城镇化进程中,为留存新场历史记忆、诠释新场人文内涵而编撰的一本地情图书。全书分为盐乡变迁、家中宝物、水乡悠悠、石笋人物、文化滋养、古镇技艺、三教合一、舌尖美味、桃源展馆、共享未来十个篇章,以大量精美图片配合简约生动的文字介绍,全面展现了新场的历史变迁、优势产业、名胜古迹、知名人物和风俗民情,并设专章介绍新场打造"最文雅、最休闲、最具创意"都市慢生活乐园的发展规划。

浦东记忆（图片卷）

2016年12月第1版，定价50元。

本书通过精选老照片并辅以文字导读的方式，展示了浦东成陆以来的历史轨迹和文化风貌。全书分为江海潮汐、故址遗韵、创业履迹、校园钟声、寺庙圣境、宅院风貌、生活况味、指间绝活、先贤情怀、历史轮辙十个板块。

浦东记忆（方言卷）

2017年12月第1版，定价60元。

本书采集大量20世纪80年代前的浦东方言俗语，包括词汇、谚语、歇后语、歌谣等，在普及浦东方言文化的同时，还赋予其有关时令节庆、生产作业和乡风民情等多方面的内涵。

浦东记忆（风情卷）

2018年12月第1版，定价50元。

本书主要反映20世纪80年代末以前的浦东风土人情，内容涉及筑堤修塘、御海抗倭、民俗文化、重教兴学等，展现浦东人民崇德向善、革故鼎新的精神特质，并在加强非物质文化遗产传承、打造新乡贤文化等方面提供了新的思考。

浦东记忆（书画卷）

2020年8月第1版，定价50元。

本书主要收录浦东出生、浦东籍贯以及在浦东生活工作过的书画家的代表作，纵跨数百年历史，书后附有浦东书画人物名录。

浦东记忆（诗歌卷）

2019年12月第1版，定价50元。

本书主要收录20世纪以前历代浦东作者吟咏浦东的诗歌及竹枝词，展现浦东源远流长、斑斓多彩的自然人文、历史人文和社会人文。每篇诗歌配有注释、今译和赏析。

以上为"上海市浦东新区政协文史丛书"，由上海市浦东新区学习和文史委员会编，主编张坚，文汇出版社出版。

☐ 沪乡记事

沈月明著，生活·读书·新知三联书店2017年7月第1版，定价38元。

该书叙述背景为20世纪七八十年代上海东南滨海乡村的生活场景，通过对乡风民俗、故土人情、民谣乡谚的回忆，勾勒出一卷清新隽永的"沪乡风物志"，所涉地理、风物、民俗、信仰等皆以沪郊方言记录，以保留地方文化之原貌。

全书分为五个部分：沧海桑梓地、苏松遗风、沈家宅、南汇的四季、沪郊1980'S。全书行文质朴隽永，情感丰沛动人，具有一定的文学欣赏与文化研究价值。

☐ 黄宝妹传

徐鸣著，东华大学出版社2018年1月第1版，定价98元。

黄宝妹，1931年生，浦东高桥人，是上海国棉十七厂的纺织女工，全国劳模，曾受到国家领导人接见，出席过党的八大，作为中国工人观礼团团员访问苏联，并参加了第七届世界青年与学生和平友谊联欢节、世界民主青年联盟扩大会议等国际会议，参演过以她自己名字命名的电影。如今，已年过九旬的黄宝妹仍在为传播红色文化、开展青少年道德教育而发挥余热。

本书采用了大量口述史料，并结合文献考证，为读者展现了黄宝妹从一个日商纱厂童工成长为新中国第一代劳模的精彩人生，以及充实、有意义的退休生活。读者还可以在书中发现不少描写当今国家大力提倡的"工匠精神"生动情节。

历史上的浦东女性

浦东新区政协学习和文史委员会、浦东新区妇联、浦东新区文物保护管理所、浦东新区文史学会 2014 年 10 月编印，主编唐国良。

本书共收录了 60 多位杰出的浦东女性，她们中有才华出众的女诗人，有教子有方的良母贤妻，有经受战火考验的革命前辈、女中豪杰，有桃李满天下的教育先驱，有救死扶伤的白衣天使……她们对国家、对民族的赤胆忠心，对社会、对家庭的爱心真情，既是传统儒家慈孝文化的反映，也与时代进步的精神力量紧密相连。有着特殊魅力的浦东女性的史料，在一定程度上也是地区历史研究的一部分，是一笔难得的文化遗产。

五十浦东人的民国版本

张泽贤著，上海远东出版社 2017 年 12 月第 1 版，定价 198 元。

本书收录了原籍浦东或出生于浦东的 50 位杰出人物主要在民国时期出版的近 300 种著作版本。所选名人都有一定代表性，如无产阶级革命家张闻天、社会活动家黄炎培、音乐家黄自、实业家穆藕初、经济学家夏炎德、法学家朱方、艺术家江丰、翻译家傅雷等。这些人物在书稿中按姓氏音序排列，每位人物配以一段作者小传，再具体介绍相关著作版本，并附大量珍贵的书影、插图。

全书分为上下卷。上卷收 28 人，版本 153 种；下卷收 22 人，版本 138 种。书前附彩色版本封面 16 张。

七、历史·地理

璀璨明珠陆家嘴

邢建榕、施雯著，上海人民出版社、学林出版社2020年8月第1版，定价52元。

本书是上海通志馆主编的"上海地情普及系列丛书"之一，从浦东乃至上海现代化和改革开放的宏观视角去解读陆家嘴地区的发展变迁，以丰富翔实的史料、生动凝练的语言，记述了陆家嘴地区的历史沿革、著名人物、地名变迁、经济发展、红色记忆及浦东开发开放后的跨越式发展，展现了陆家嘴深厚的文化基因，讴歌了陆家嘴从"烂泥渡"到"垂直金融街"的沧桑巨变，生动诠释了坚韧不拔、创新创业、追求卓越、爱国如家的浦东人文精神，是一部兼具专业性和可读性的地情普及读物。

从总书记到外交部长——张闻天

梅雪著，湖南人民出版社2016年12月第1版，定价68元。

张闻天是中国共产党早期领导人之一。遵义会议上，他和王稼祥拥护毛泽东复出，在危急时刻挽救了中国共产党和中央红军，在中国共产党从土地革命战争向民族解放战争的战略转变中，克服"左"倾关门主义和右倾投降主义错误，制定抗日民族统一战线政策，和平解决西安事变，开创抗日斗争新局面。新中国成立后主要从事外交工作，后期在逆境中仍坚守信仰，留下大量优秀的红色译作、论文，为党和人民的事业贡献了自己的全部智慧和心血。

本书记述了张闻天从党的总书记到外交部长的壮阔人生画卷，从中也可以窥见中国共产党从幼稚走向成熟、从失败走向辉煌，又经历诸多挫折和磨难的过程。

大团·烽火留痕

姚建国著，华夏文化艺术出版社 2020 年 5 月第 1 版，定价 38 元。

大团地处长江、钱塘江交汇处，五代十国至北宋初时逐步成陆。自明清以来，大团人民为建设和保卫这片热土，开展了抗倭、抗日、解放战争等一系列英勇斗争，留下了可歌可泣的事迹。

本书分为明清两朝时期、土地革命时期、抗日战争时期、解放战争时期、新中国成立时期五大部分，真实还原了先辈们的斗争事迹，反映了先辈们在保家卫国的关键时刻挺身而出、英勇顽强、百折不挠的献身精神，是对青少年进行爱国主义教育的好教材，也是点亮"中国梦"奋斗精神的好读本。

穆藕初自述

穆藕初著，文明国编，安徽文艺出版社 2013 年 8 月第 1 版，定价 42 元。

穆藕初是中国近代历史上一位具有先驱意义的实业家。他学贯中西，身兼士农工商，动荡多变的时代风雨在他的身上留下道道印痕，上海文化中通达睿智的特点在他身上充分彰显。

本书是"二十世纪名人自述系列"的一部，叙述穆藕初的生平活动，着重分析其西学思想、实业与教育思想、重农兴农思想、社会改良思想等的形成、实践及创获，梳理和分析这位具有开拓精神的爱国实业家的时代贡献及历史影响，是研究从传统到现代的转型期中国社会的一种尝试。

☐ 观澜春秋

——"走进观澜一百八十年的故事"之纪念刊

观澜小学 180 年校庆筹备委员会、《观澜春秋》纪念刊编委会 2014 年 9 月编印。

本书是观澜小学 180 周年校庆之际,将学校笃办教育、求真务实、拓展创新、人才辈出、屡获殊荣之历程加以梳理而编纂的。本书记述时限自 1834 年何士祁创办观澜书院至 2014 年止,内容主要包括办学宗旨、课程设置、学习年限、升留级制度、教育教学概况、改进课堂教学、教育科研、成绩荣誉、校园文化、绿化美化、学校经费以及代表性的师生状况等。全书分为学校沿革、观澜春秋、"真"与"实"之探索无止境、群英荟萃、桃李芬芳、硕果累累、大事纪要、学校组织机构及人员名单、历届班级学生毕业生数统计等部分。

☐ 海曲激浪

——惠南镇先辈风云集

上海市浦东新区惠南镇文化服务中心编著,主编胡龙昌,世界大同文化艺术出版社 2013 年 8 月第 1 版,定价 22 元。

惠南镇有着厚重的历史文化底蕴,曾因抗倭重地和南汇县府所在地,培育出不少为国家和社会进步作出重要贡献的优秀人物,展现出惠南镇不凡的人文底蕴。本书收录了历史的、当代的出生于惠南镇 18 位优秀人士,还有曾在惠南镇生活学习、在国外享有盛誉的 6 位优秀人士。

- ☐ **江南古陆·史说上海祝桥（古今史话卷）**
- ☐ **江南古陆·史说上海祝桥（民间传说卷）**
- ☐ **江南古陆·史说上海祝桥（民歌民谣卷）**

阮菊明主编，上海文艺出版社 2016 年 11 月第 1 版，定价 680 元，分上中下三册。

全书史料翔实，图文并茂，既反映了祝桥地区的形成历史、地理地貌概况，也诠释了祝桥有史以来的政治、经济、社会、文化和生活诸多方面的演变过程，同时收集了大量当地民间传说和乡俚俗语。本书是一本通俗的乡土教材，一部宣传、推广祝桥文化的通俗志书，还是一本实用的史料研究工具书。

☐ **志光永辉：抗日烈士陈志光纪念册**

上海市新四军历史研究会浙东浙南分会浦东新区大组编印，天马出版有限公司 2015 年 9 月出版。

本书介绍了在抗日战争中捐躯的浦东籍青年烈士陈志光的英雄事迹。陈志光 1939 年 3 月参加常熟抗日义勇军，1940 年随军渡江北上，1941 年 10 月随军挺近高邮，1942 年 5 月任六区区委组织科长，兼六区游记连指导员，1942 年 10 月在保卫高邮县政府机关的战斗中牺牲，年仅 20 岁。

本书史料内涵丰富，文章语言朴实、感情深厚，贴近生活，字里行间折射出对烈士的缅怀之情，给人以多方面的思考和启迪，为传播正能量添砖添瓦。

☐ 浦东党史资料选编（第一辑）

中共浦东新区委员会党史办公室、上海市浦东新区地方志办公室2013年10月编印。

自1990年4月18日党中央、国务院宣布浦东开发开放以来，浦东发生了翻天覆地的变化，成为中国改革开放的象征、上海现代化建设的缩影。为回顾和研究这一段开发开放历程，总结和借鉴这一伟大实践的经验，展现勇于探索、不断创新的精神，从而推进浦东新一轮开发建设续写新的辉煌，编印本书。同时编印此书，也意在积极开展浦东开发开放史料的收集工作，积累资料，分析研究，探索创新。本书所收集的资料大部分来源于《浦东年鉴》并按时间先后排序。

☐ 人心至上

雾满拦江著，台海出版社2017年2月第1次出版，定价49元。

本书是著名作家、自媒体人雾满拦江潜心研究杜月笙多年，搜集几乎所有关于杜月笙的资料，经过深入分析思考，探究出杜月笙，深谙人性与人心，通晓为人处世、做人做事之道，是其人生逆袭的核心秘诀。本书以杜月笙为人处世原则及智慧为切入点，以其生平为线索，涵盖了发生在其人生每一阶段的大事要事，以及其应对这些事的技巧、心态、解决方法等，展示了杜月笙的为人处世智慧，亦体现了其性格、心理，以及在特殊境遇下表现出的爱国主义精神、救世情怀，堪称迄今为止杜月笙传记的上佳之选。

☐ **宋庆龄往事**
☐ **宋庆龄往事（续编）**

何大章著，《宋庆龄往事》为人民文学出版社 2011 年 12 月第 1 版，定价 49 元；《宋庆龄往事（续编）》为人民文学出版社 2019 年 5 月第 1 版，定价 66 元。

作者何大章时任宋庆龄故居主任、中国宋庆龄基金会研究中心常务副主任，长期从事孙中山、宋庆龄研究工作，曾策划设计相关专题展览 20 余个。作者通过收集大量第一手资料和寻访宋庆龄生前同志、故交，编撰而成《宋庆龄往事》一书，生动再现了宋庆龄从青年立志、投身革命、与孙中山结为伉俪直至以我党忠诚战友、民主先锋的身份为新中国建设奋斗的光辉一生，也展现了她所在的宋氏家族在中国近现代史上的卓著影响力。本书出版后引起热烈反响，8 年后又推出了"续编"，相较于第一部，"续编"的选题重点放在宋庆龄与中共及其一些领导人的关系、宋庆龄与家庭成员的关系、宋庆龄的宗教信仰及生活细节等公众颇多关注和猜想的敏感问题上。

《宋庆龄往事》及"续编"叙事角度新颖，语言深情优美，不仅反映了宋庆龄壮丽的革命生涯和思想轨迹，而且展现了她不凡的生活情趣和丰富的内心世界，塑造了一个立体、鲜活的宋庆龄形象。书中有不少观点另辟蹊径，相当部分的文字、图片档案系统首次公开，在众多关于宋庆龄生平的著作中独树一帜。

宋庆龄与廖仲恺、何香凝一家

蔡瑞燕、刘斌著，中国社会科学出版社 2017 年 4 月第 1 版，定价 69 元。

为纪念近代民主革命家、国民党左派政治家廖仲恺诞辰 140 周年，作者怀着对孙中山与宋庆龄、廖仲恺与何香凝两对革命伉俪的深厚敬意，广泛收集史料，运用历史唯物主义观点、严谨的学术规范和实事求是的方法，梳理了两个家族在中国近代风云变幻中鲜为人知的经历和事迹，以及其后代在新中国建设中的贡献。本书展现了一代民主革命先驱追求真理、艰苦奋斗、以身许国的崇高情怀，是一部视角独特的民主革命纪实作品。

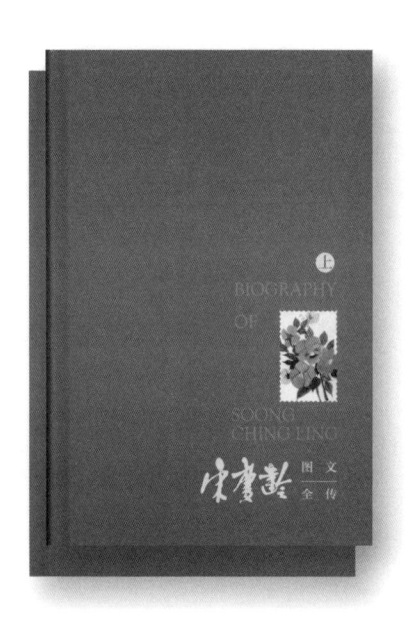

宋庆龄图文全传

尚明轩著，新星出版社 2021 年 7 月第 1 版，定价 168 元，分上下册。

本书是中国社会科学院近代史研究所尚明轩研究员多年来致力于孙中山和宋庆龄相关研究和著述的成果。几十年间，随着研究的深入和新史料的发现，她的代表作《宋庆龄传》也一再修订、重版，尤其是在 2012 年作了大幅度增补工作，添加了宋庆龄后半生的大量资料，使这本传记在内容上更加完整。

考虑到宋庆龄一生所留下的珍贵影像和各种文物都是重要的历史载体，本书又增加了近 500 幅具有代表性的图片，与文字相互映照，增强了可读性。

☐ 宋庆龄与路易·艾黎

上海宋庆龄故居纪念馆编著，上海人民出版社2020年9月第1版，定价98元。

该书真实讲述了宋庆龄与路易·艾黎跨越半个世纪的革命情谊和感人故事。国际友人路易·艾黎是中国人民的忠实朋友，也是宋庆龄一生的挚友。上海宋庆龄故居纪念馆充分利用馆藏文物、档案文献和相关研究成果，将他们的往事编撰成书。书中详细叙述了两人的革命友谊与中国近现代历史事件的演进关系，对他们的高尚品格和为中国人民、为新中国不懈奋斗的奉献精神予以深切纪念。该书定位于兼具学术性和可读性的人物传记，力求史料详实，论由史出。

本书分为早年艾黎、上海岁月、致力工合、培黎学校、同播友声、深情厚谊、青花瓷的故事、记忆与纪念、宋庆龄与路易·艾黎交往大事记等部分。

☐ 宋氏家族

［美］斯特林·西格雷夫著，孙文龙译，中信出版集团2017年8月第1版，定价88元。

此书是美国传记作家斯特林·西格雷夫多年悉心研究的成果，揭示了宋氏家族之前大量不为人知的细节。书中对宋氏家族的生活细节进行了尽可能详尽的描述，从全新的视角全面考察了宋氏家族从发家到衰败的历史，让读者对这个家族形成一个全新但相对主观的认识，以供后来之研究者借鉴。

☐ 宋氏家族与娘家文化论丛

中共上海市浦东新区委员会党史办公室、上海浦东历史研究中心、上海浦东宋氏家族研究中心编，中国中福会出版社2016年11月第1版，定价40元。

宋氏姐妹兄弟在中国历史发展的进程中是非常重要的人物，浦东倪家作为宋氏姐妹兄弟的外婆家，其生活习惯、文化风情以及世代信奉的基督教文化，深深影响着宋氏姐妹兄弟的成长。编者从20世纪80年代末就开始对倪氏家族进行研究，浦东开发开放后，档案史志部门开始收集倪家、宋家的资料并进行深入研究，取得了可喜的成果。本书的出版，是近几年来浦东新区档案史志工作者对倪宋家族历史人物与浦东娘家文化研究成果的结集，以史论结合见长，同时提出用"娘家文化"的视野来研究宋倪两家联姻关系。

☐ 宋耀如生平档案文献汇编

上海市孙中山宋庆龄文物管理委员会、上海宋庆龄研究会编，东方出版中心2013年10月第1版，定价40元。

本书汇集了美国爱默雷大学、杜克大学、斯坦福大学的图书馆和档案馆的有关馆藏，日本外务省外交史料馆有关馆藏，以及海峡两岸的文献史料，通过"档案文献"和"回忆著述"两个版块，展现了宋耀如从海南贫苦农家子弟转变为基督教传教士，并最终成为革命"隐君子"的复杂过程。

☐ 晚年宋庆龄

汤雄著，人民文学出版社 2020 年 11 月第 1 版，定价 78 元。

本书作者从 2001 到 2013 年间，先后采访了钟兴宝、靳山旺、刘一庸等曾经在宋庆龄身边长期工作过的同志，整理撰写成书。他们提供的亲历、亲见、亲闻折射出宋庆龄血肉丰满、有情有义的真实形象，让人们感受到她伟大的人格力量。

本书分为四部分：1949 年—1959 年：爱和平、爱人类、爱共和国的进步事业，1960 年—1966 年：在现实和理想之间辗转，1966 年—1976 年：柔美的花与无畏的狮子，1976 年—1981 年："假如一切可以重新来过，我还是愿意同样的生活。"

☐ 塘桥·岁月印记

姚建国著，华夏文化艺术出版社 2019 年 8 月第 1 版，定价 42 元。

本书是塘桥乡贤姚建国先生多年来千方百计寻找塘桥历史发展脉络，走访老塘桥人和大量查阅图书资料的基础上撰写而成，是一本充满塘桥历史底蕴的地情书籍。本书分为地名掌故、轶事趣闻、岁月习俗、市井文化、历史人物五个部分，写作风格严谨、厚重、包容、温暖，有着浓浓的烟火气和人情味。

□ 校刊史记集解索隐正义札记

〔清〕张文虎撰，中华书局 2012 年 3 月第 2 版，定价 72 元。

张文虎（1808—1885），字孟彪、啸山，江苏南汇人（现浦东南汇人），长期从事训诂、历法、乐律的研究和古书校勘工作。同治六年（1867），张文虎参与金陵书局校刊《史记》的工作，参酌众本，择善而从，写下了本书。本书分上下册，对《史记》异文是非有所判断并吸取了前人的一些成果，这是它的长处，但也有失于琐细的地方。

□ 兄弟行
——从浦东到浙东

宁波市新四军历史研究会、上海市浦东新区新四军历史研究会 2015 年 8 月编印。

浦东的朱氏兄弟朱人俊、朱人侠以及数位堂兄弟、姻亲兄弟是开辟浙东敌后抗日根据地的先锋，本书是其后人怀着对父辈兄弟的深厚感情，多方搜集材料，委托宁波市新四军历史研究会、上海市浦东新区新四军历史研究会所出。书中记载了朱氏兄弟和堂兄弟、姻亲兄弟们的革命历程。

本书分为浦东伪军工委、南渡浙东、开辟三北、北撤及改造张部、迎接解放、深深的思念六大部分。时间跨度从大革命时期至解放以后，以抗日战争为主要内容。

永恒的思念
——李中和烈士纪念册

李源和主编，敦煌文艺出版社2014年11月第1版，定价45元。

这是一本为普通烈士立传的书。李中和是一名普通的农家子弟、义务兵，在20世纪90年代台海危机时毅然参军，怀着火热的赤子之心，恪尽职守履行军人义务，将24岁的年轻生命献给了壮丽的国防事业。本书是由烈士的亲属代表、母校老师、同学战友等组成的编委会编撰而成，收录了相关纪念文章、诗词曲赋等，讴歌了这位年轻烈士崇高的家国情怀、军人操守和献身精神，他的事迹具有朴实无华而又动人心扉的力量。

张闻天画传

张闻天选集传记组编，人民出版社2018年1月第1版，定价36元。

本书是在张闻天选集传记组长期工作成果的基础上编辑而成。1979年经中央批准，成立了张闻天选集传记组，多年来传记组编辑出版了大量有关张闻天生平事迹的著作，得到中央领导同志的重视，也引起党史界、理论界的兴趣和有关地方、部门的关注。本书重点反映张闻天在新民主主义革命时期和社会主义革命与建设时期的理论创作，对他从投身五四新文化运动到"文化大革命"后期写成的肇庆文稿近60年间的代表作和重要理论观点，作了简明扼要的介绍。

走进内史第

上海市浦东新区文物保护管理所编,上海古籍出版社 2018 年 4 月第 1 版,定价 45 元。

内史第是位于川沙的浦东名宅,为著名文物图书收藏家沈树镛祖上所建,是黄炎培、宋庆龄等多位名人出生之地。研究人员在上海市文物管理委员会与上海市宋庆龄研究会等相关部门的支持下,历时 20 年的研究和积淀,撰成此书。本书详细介绍了其宅院兴衰之谜、众多名人之谜、宋庆龄等宋家子女成长轨迹等,同时还探讨了宋庆龄出生地的考证问题。

老港镇志(2002—2019)

《老港镇志(2002—2019)》编纂委员会编,文汇出版社 2022 年 3 月第 1 版,定价 300 元。

老港镇是浦东东南沿海的传统农业镇,自明万历年间逐步成陆至今有近 300 年历史。进入 21 世纪以来,随着国家城镇化和新农村建设深入推进,老港镇着力打造优势产业,改善人居环境,经济社会取得了突飞猛进的发展。按照国务院关于地方志每 20 年修编一次的要求,结合新时代定位,镇党委、政府组织编纂了反映老港 2002 年以来近 20 年发展变化的续编志。本志正文设 20 章 87 节,以编年体为主辅以纪事本末体的记述方式,系统、翔实地记录了新时代以来老港勇立潮头、奋楫扬帆、创造"美丽老港、生态老港、幸福老港"新奇迹的历程和成就。

新生村志

浦东新区祝桥镇《新生村志》编纂委员会2021年8月编印，主编傅新伯。

该志是新生村有史以来的第一部志书，大事记采用编年体，记述了该地有史以来至2017年12月政治、经济、文化和民众生活等各方面发生的变化。

全志由总述、大事记、正文及专记组成。总述、大事记列于志首，正文分为自然地理、建制、人口、中共基层组织、村民委员会、群众团体、兵役民兵、农业、养殖业、淡水渔业、工业、商业服务业、乡村建设、村民生活、教育卫生、文化体育、精神文明建设、民俗风情、人物共19章。正文前附新生村地理位置图和村域示意图，彩色照片89张，正文部分配有图表。

邓二村志

浦东新区祝桥镇《邓二村志》编纂委员会2019年4月编印，主编张永祥。

该志上溯村域成陆，下限为2017年底，大事记采用编年体，记述了邓二村1.4平方公里区域内的历史变迁和人文地理。

全志由总述、大事记及正文组成。总述、大事记列于志首，正文分为自然环境、建制、人口、政党、政权、群众和社会团体、民兵治安兵役、种植业、养殖业、工业、商业、水利、教育卫生、文化体育、乡村建设和村民生活、民俗风情、人物荣誉共17章。正文前附邓二村地理位置图和村域示意图，彩色照片63张，正文部分配有图表。

陈胡村志

浦东新区祝桥镇《陈胡村志》编纂委员会2017年12月编印,主编顾洪涛。

该志上溯村域成陆,下限为2015年底,大事记采用编年体,记述了陈胡村1.8平方公里区域内的变迁发展。

全志由总述、大事记及各正文组成。总述、大事记列于志首,正文分为自然环境、建制、人口、政党群团、村自治组织、工商业、种植业、养殖业、教育卫生、文化体育、精神文明建设、民俗风情、方言俗语、人物共14章。正文前附陈胡村地理位置图和村行政区域图,彩色照片40张,正文部分配有图表。

先进村志

浦东新区祝桥镇《先进村志》编纂委员会2021年9月编印,主编顾金德。

该志上溯村域成陆,下限为2019年底,大事记采用编年体,记述了先进村3.81平方公里区域中的历史变迁、人文地理。

全志由总述、大事记、正文、专记和附录组成。总述、大事记列于志首,正文分为地理环境、建制、人口、政党、村民自治组织、群众团体、民兵兵役治安、种植业、养殖业、工商金融、乡村建设、教育体育文化、医疗卫生、社会事业、精神文明建设、村民生活、风俗民情、人物、家谱姓氏世系共19章。正文前附先进村地理位置图和村域示意图,彩色照片97张,正文部分配有图表。

祝东村志

浦东新区祝桥镇《祝东村志》编纂委员会 2016 年 12 月编印，主编石雷。

该志上溯村域成陆，下限为 2014 年底，大事记采用编年体，记述了祝东村域 2.51 平方公里区域中的历史变迁、人文地理。

全志由总述、大事记、正文和附录组成。总述、大事记列于志首，正文分为地理环境、建制、人口、政党、政权、群众团体和社会团体、民兵治安兵役、种植业、养殖业、工商金融、乡村建设、教育文化、医疗卫生、社会事业、风俗民情、村民生活、人物共 17 章。正文前附祝东村地理位置图和村域示意图，彩色照片 49 张，正文部分配有图表。

明星村志

浦东新区祝桥镇《明星村志》编纂委员会 2017 年 8 月编印，主编苏亚林。

该志上溯村域成陆，下限为 2016 年底，大事记采用编年体，记述了明星村 2.8 平方公里区域的历史变迁和大事要事。

全志由总述、大事记、正文、专记和附录组成。总述、大事记列于志首，正文分为自然地理、建制、人口、政党群团、村自治组织、种植业、养殖业、工商服务业、教育卫生、文化体育、精神文明建设、社会生活、开发建设、人物共 14 章。正文前附明星村地理位置图和村域示意图，彩色照片 40 张，正文部分配有图表。

红星村志

浦东新区祝桥镇《红星村志》编纂委员会 2020 年 6 月编印,主编唐德新。

该志上溯村域成陆,下限为 2018 年底,大事记采用编年体,记述了红星村 2.57 平方公里范围内的历史变迁,村域以外与红星村有关的重要事件和人物也记述在内。

全志由总述、大事记、正文和专记组成。总述、大事记列于志首,正文分为自然环境、建制、人口、政党、政权、群众团体、民兵治安、种植业、养殖业、工商服务业、水利建设、村庄建设、教育文化、精神文明建设、卫生体育、村民生活、民俗风情、人物共 18 章。正文前附红星村地理位置图和村域示意图,彩色照片 52 张,正文部分配有图表。

新营村志

浦东新区祝桥镇《新营村志》编纂委员会 2018 年 12 月编印,主编张贵福。

该志上溯村域成陆,下限为 2015 年底,大事记采用编年体,记述了新营村 1.62 平方公里范围内的历史变迁,村域以外与新营村有关的重要事件也予以记述。

全志由总述、大事记、正文组成。总述、大事记列于志首,正文分为地理环境、建制、人口、政党群团、村级机构、社会生活、种植业、养殖业、工商服务业、教育卫生、文化体育、精神文明建设、民俗风情、人物共 14 章。正文前附新营村地理位置图和村域示意图,彩色照片 40 张,正文部分配有图表。

▢ 星光村志

浦东新区祝桥镇《星光村志》编纂委员会2017年12月编印，主编严槐山。

该志上溯村域南宋成陆起，下限为2015年底，大事记采用编年体，记述了星光村域内的历史变迁和人文地理。

全志由总述、大事记、正文和专记组成。总述、大事记列于志首，正文分为地理环境、建制、人口、政党团体、村自治组织、乡村建设、种植业、养殖业、工商服务业、教育、医疗卫生、文化体育、社会事业社会生活、民俗风情、人物共15章。正文前附星光村地理位置图和村域示意图，彩色照片31张，正文部分配有图表。

▢ 红旗村志

浦东新区祝桥镇《红旗村志》编纂委员会2021年5月编印，主编杜甫。

该志是红旗村有史以来的第一部志书，上溯村域北宋成陆，下限为2020年底，大事记采用编年体，记述了红旗村成陆发展史。

全志由总述、大事记、正文组成。总述、大事记列于志首，正文分为地理环境、建制、人口、政党、村自治组织、群众团体、民兵治安兵役、种植业、养殖业、工业、教育卫生、文化体育、乡村建设、村民生活、精神文明建设、民俗风情、人物共17章。正文前附红旗村地理位置图和村域示意图，彩色照片64张，正文部分配有图表。

七、历史·地理

□ 大沟村志

浦东新区祝桥镇《大沟村志》编纂委员会 2018 年 12 月编印，主编金显道。

该志上溯村域成陆，下限为 2016 年底，大事记采用编年体，记述了大沟村发展变化的历程。

全志由总述、大事记、正文组成。总述、大事记列于志首，正文分为地理环境、建制、人口、政党、村民委员会、群团组织、民兵治安、种植业、养殖业、工商服务业、文教卫生、社会事业、民俗风情、村民生活、人物共 15 章。正文前附大沟村地理位置图和村域示意图，彩色照片 70 张，正文部分配有图表。

□ 果园村志

浦东新区祝桥镇《果园村志》编纂委员会 2018 年 12 月编印，主编陆海彪。

该志上溯村域成陆，下限为 2018 年底，大事记采用编年体，记述了果园村域 1.8 平方公里区域内的历史变迁、人文地理。

全志由总述、大事记、正文和专记组成。总述、大事记列于志首，正文分为自然环境、建制、人口、政党、政权、群众团体和社会团体、民兵兵役治安、种植业、养殖业、工商金融、乡村建设、教育文化、医疗卫生、社会事业、民俗风情、村民生活、人物共 17 章。正文前附果园村地理位置图和村域示意图，彩色照片 41 张，正文部分配有图表。

新和村志

浦东新区祝桥镇《新和村志》编纂委员会 2020 年 4 月编印，主编张根福。

该志是新和村有史以来的第一部志书，上限随史实上溯至事物发端，下限为 2017 年底，大事记采用编年体，记述了新和村 1.12 平方公里内的历史变迁，村域以外与本村有所关联的事件也作适当记载。

全志由总述、大事记、正文和附录组成。总述、大事记列于志首，正文分为地理环境、建制、人口、政党群团、村级机构、村民生活、种植业、养殖业、工商服务业、教育卫生、文化体育、精神文明建设、民俗风情、人物共 14 章。正文前附新和村地理位置图和村域示意图，彩色照片 57 张，正文部分配有图表。

森林村志

浦东新区祝桥镇《森林村志》编纂委员会 2017 年 8 月编印，主编曹金发。

该志是森林村有史以来的第一部村志，上限随史实上溯至事物发端，下限为 2015 年 12 月，部分内容延伸至 2016 年，大事记以编年体为主，辅以纪事本末体，记述了森林村 1.19 平方公里内的历史变迁和重要事件，村域以外与本村有所关联的事件也作适当记载。

全志由总述、大事记、正文组成。总述、大事记列于志首，正文分为地理环境、建制、人口、政党群团、村级机构、社会活动、种植业、养殖业、工商服务业、教育卫生、文化体育、精神文明建设、民俗风情、人物共 14 章。正文前附森林村地理位置图和村域示意图，彩色照片 71 张，正文部分配有图表。

新东村志

浦东新区祝桥镇《新东村志》编纂委员会2021年4月编印，主编张永祥。

该志上溯村域成陆，下限为2019年底，大事记采用编年体，记述了新东村3.45平方公里区域内的历史变迁。

全志由总述、大事记、正文、专记和附录组成。总述、大事记列于志首，正文分为自然环境、建制、人口、政党、村自治组织、群众团体、民兵治安兵役、种植业、养殖业、工商业、水利、教育卫生、文化体育、精神文明建设、乡村建设和村民生活、民俗风情、人物共17章。正文前附新东村地理位置图和村域示意图，彩色照片42张，正文部分配有图表。

高永村志

浦东新区祝桥镇《高永村志》编纂委员会2021年3月编印，主编姚正田。

该志上溯村域成陆，下限为2019年12月，大事记采用编年体，记述了高永村1.81平方公里范围内的历史变迁。

全志由总述、大事记、正文、专记和附录组成。总述、大事记列于志首，正文分为地理环境、建制、人口、政党、政权、群众团体、民兵兵役治安、种植业、养殖业、工商业、乡村建设、教育文化、医疗卫生、社会事业、村民生活、民俗风情、人物共17章。正文前附高永村地理位置图和村委会辖区示意图，彩色照片78张，正文部分配有图表。

卫东村志

浦东新区祝桥镇《卫东村志》编纂委员会 2018 年 9 月编印，主编朱国勋。

该志上溯村域成陆，下限为 2017 年底，大事记以编年体为主，记述了卫东村 1 平方公里区域内的历史变迁和人文地理。

全志由总述、大事记、正文组成。总述、大事记列于志首，正文分为地理环境、建制、人口、政党、群众和社会团体、政权、民兵治安、种植业、养殖业、工商服务业、村民生活、教育卫生、文化体育、风俗民情、拆迁撤制、人物、要闻轶事共 17 章。正文前附卫东村地理位置图和村域示意图，彩色照片 47 张，正文部分配有图表。

道新村志

浦东新区祝桥镇《道新村志》编纂委员会 2021 年 5 月编印，主编邱云其。

该志上限随史实上溯至事物发端，下限为 2018 年 12 月，部分照片延伸至 2021 年，大事记采用编年体，记述了道新村域范围内的历史变迁，村域以外与本村有所关联的事件也作适当记载。

全志由总述、大事记、正文和附录组成。总述、大事记列于志首，正文分为地理环境、建制、人口、中共基层组织、村自治组织、群众团体、民兵治安兵役、种植业、养殖业、工业、商业服务业、农田水利、乡村建设、村民生活、教育卫生、文化体育、精神文明建设、民俗风情、人物共 19 章。正文前附道新村地理位置图和村域示意图，彩色照片 61 张，正文部分配有图表。

□ 红三村志

浦东新区祝桥镇《红三村志》编纂委员会 2020 年 6 月编印，主编金新官。

该志上溯村域成陆，下限为 2018 年底，大事记采用编年体，记述了红三村域 3.06 平方公里范围内的历史变迁和人文地理。

全志由总述、大事记、正文组成。总述、大事记列于志首，正文分为自然环境、建制、人口、政党、政权、群众和社会团体、民兵治安兵役、种植业、养殖业、工商服务业、乡村建设、村民生活、教育卫生、文化体育、民俗风情、方言俗语、人物共 17 章。正文前附红三村地理位置图和村域示意图，彩色照片 30 张，正文部分配有图表。

□ 三八村志

浦东新区祝桥镇《三八村志》编纂委员会 2016 年 12 月编印，主编朱德才。

该志上限随史实上溯至事物发端，下限为 2014 年 12 月，大事记以编年体为主，辅以纪事本末体，记述了三八村的历史变迁和人文地理。

全志由总述、大事记、正文和专记组成。总述、大事记列于志首，正文分为自然环境、建制、人口、政党、群众团体和社会团体、政权、民兵治安、种植业、养殖业、工商业、乡村建设、教育体育、文化、医疗卫生、社会事业、村民生活、风俗民情、人物共 18 章。正文前附三八村地理位置图和村行政区划图，彩色照片 58 张，正文部分配有图表。

☐ 营前村志

浦东新区祝桥镇《营前村志》编纂委员会 2017 年 12 月编印，主编蔡贡民。

该志上溯村域成陆，下限为 2015 年 12 月（除图片外），大事记以编年体为主，记述了前营村的历史变迁和大事要事。

全志由总述、大事记、正文、专记和附录组成。总述、大事记列于志首，正文分为地理环境、建制、姓氏人口、村级机构、农业、副业、工商服务业、社会发展、文教卫生、精神文明建设、民俗风情、报国奉献、境内要闻轶事、人物共 14 章。正文前附营前村地理位置图和村水系道路村宅示意图，彩色照片 99 张，正文部分配有图表。

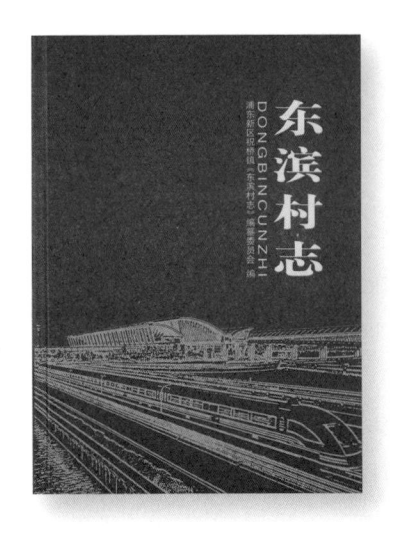

☐ 东滨村志

浦东新区祝桥镇《东滨村志》编纂委员会 2017 年 11 月编印，主编张德忠。

该志上限随史实上溯至事物发端，下限为 2015 年 12 月，大事记采用编年体，记述了东滨村 1.96 平方公里内的历史和现状，村域以外与本村有所关联的事件也作适当记载。

全志由总述、大事记、正文和附录组成。总述、大事记列于志首，正文分为地理环境、建制、人口、中共基层组织、村自治组织、群众和社会团体、民兵治安兵役、种植业、养殖业、渔业、工业、商业服务业、海塘水利、乡村建设、村民生活、教育卫生、文化体育、精神文明建设、民俗风情、人物共 20 章。正文前附东滨村地理位置图和村行政区划图，彩色照片 72 张，正文部分配有图表。

义泓村志

浦东新区祝桥镇《义泓村志》编纂委员会2021年7月编印，主编徐文官。

该志上溯村域成陆，下限为2019年12月，大事记采用编年体，记述了义泓村2.78平方公里范围内的人和事。

全志由总述、大事记、正文和附录组成。总述、大事记列于志首，正文分为自然环境、建制、人口、政党群众团体、村自治组织、精神文明建设、民兵兵役治安、种植业、养殖业、工商服务业、乡村建设、教育文化体育、医疗卫生、水利、社会事业、民俗风情、村民生活、人物共18章。正文前附义泓村地理位置图和村域示意图，彩色照片44张，正文部分配有图表。

亭东村志

浦东新区祝桥镇《亭东村志》编纂委员会2019年4月编印，主编胡生龙。

该志是亭东村有史以来的第一部志书，上溯村域成陆，下限为2016年底，大事记采用编年体，记述了亭东村1.09平方公里区域内的历史变迁、人文地理、民风习俗。

全志由总述、大事记、正文组成。总述、大事记列于志首，正文分为自然地理、建制、人口、政党政权、群众团体和社会团体、民兵治安兵役、种植业、养殖业、工商金融、乡村建设、教育文化、医疗卫生、社会事业、民俗风情、村民生活、人物共17章。正文前附亭东村地理位置图和村域示意图，彩色照片52张，正文部分配有图表。

军民村志

浦东新区祝桥镇《军民村志》编纂委员会2021年5月编印，主编蒋翠萍。

该志上溯村域成陆，下限为2019年12月，大事记采用编年体，记述了军民村0.99平方公里范围内的历史变迁和人文地理，村域范围以外与本村有所关联的事件也作适当记载。

全志由总述、大事记、正文和附录组成。总述、大事记列于志首，正文分为自然环境、建制、人口、政党、村民自治组织、群团组织、种植业、养殖业、工商业、乡村建设、教育文化、医疗卫生、社会事业、民俗风情、精神文明建设、村民生活、人物共17章。正文前附军民村地理位置图和村域示意图，彩色照片59张，正文部分配有图表。

望三村志

浦东新区祝桥镇《望三村志》编纂委员会2021年2月编印，主编王洪祥，上海方一文化传播有限公司制作，2021年2月第1版。

该志是望三村有史以来的第一部志书，上溯村域成陆，下限为2020年3月，大事记采用编年体，记述了望三村1.17平方公里范围内的历史变迁和人文风情。

全志由总述、大事记、正文、专记和附录组成。总述、大事记列于志首，正文分为地理环境、建制、人口、政党、村自治组织、群众团体、民兵兵役治安、精神文明建设、种植业、养殖业、工商业、乡村建设、教育文化体育、医疗卫生、社会事业、民俗风情、村民生活、人物共18章。正文前附望三村地理位置图和村域示意图，彩色照片45张，正文部分配有图表。

中圩村志

浦东新区祝桥镇《中圩村志》编纂委员会 2016 年 12 月编印,主编金振滨。

该志上溯村域成陆,下限为 2014 年底,大事记采用编年体,记述了中圩村 1.18 平方公里区域内的历史变迁和人文地理。

全志由总述、大事记、正文、专记和附录组成。总述、大事记列于志首,正文分为自然环境、建制、自然村宅地名、人口、中共基层组织、基层政权组织、群众团体和社会团体、武装治安、种植业、养殖业、工商业、乡村建设、文教卫生、民政社会生活、民俗风情、人物共 16 章。正文前附中圩村地理位置图和村行政区域图,彩色照片 69 张,正文部分配有图表。

邓一村志

浦东新区祝桥镇《邓一村志》编纂委员会 2017 年 12 月编印,主编孙国民。

该志上限随史实上溯至事物发端,下限为 2015 年 12 月,部分内容延伸到 2016 年,大事记以编年体为主,辅以纪事本末体,记述了邓一村 2.2 平方公里内的历史变迁和人文地理,村域范围以外与本村有所关联的事件也作适当记载。

全志由总述、大事记、正文组成。总述、大事记列于志首,正文分为地理环境、建制、人口、政党群众组织、村自治组织、社会生活、种植业、养殖业、工商服务业、教育卫生、体育文化、民生福利、民俗风情、人物共 14 章。正文前附邓一村地理位置图、村现状图和村土地使用现状图,彩色照片 27 张,正文部分配有图表。

邓三村志

浦东新区祝桥镇《邓三村志》编纂委员会2020年10月编印，主编马培璋。

该志上溯村域成陆，下限为2017年，大事记采用编年体，记述了邓三村2.34平方公里区域内的历史变迁和人文地理。

全志由总述、大事记、正文、专记和附录组成。总述、大事记列于志首，正文分为自然地理、建制、人口、政党、政权、群众组织社会团体、民兵治安、农业、副业、工业、商业、教育卫生、文化体育、精神文明建设、村民生活、民俗、方言谚语歇后语、宗教信仰、人物共19章。正文前附邓三村地理位置图和村域示意图，彩色照片73张，正文部分配有图表。

卫民村志

浦东新区祝桥镇《卫民村志》编纂委员会2019年11月编印，主编朱德才。

该志上溯村域成陆，下限为2018年12月底，大事记以编年体为主，辅以纪事本末体，记述了卫民村2.36平方公里区域内的历史变迁和人文地理。

全志由总述、大事记、正文和专记组成。总述、大事记列于志首，正文分为自然环境、建制、人口、政党、群众团体和社会组织、政权、兵役民兵治安、种植业、养殖业、工商服务业、教育体育、文化、乡村建设、医疗卫生、民政、村民生活、风俗民情、人物共18章。正文前附卫民村地理位置图和2018年村行政区划图，彩色照片51张，正文部分配有图表。

七、历史·地理

祝西村志

浦东新区祝桥镇《祝西村志》编纂委员会 2018 年 11 月编印，主编朱德才。

该志上溯村域成陆，下限为 2017 年 12 月底，大事记采用编年体，记述了祝西村 2.21 平方公里区域内的历史变迁和人文地理。

全志由总述、大事记、正文和专记组成。总述、大事记列于志首，正文分为自然环境、建制、人口、政党、群众团体和社会组织、政权、兵役民兵治安、种植业、养殖业、工业手工业、商贸、乡村建设、教育体育、文化、医疗卫生、社会事业、村民生活、风俗民情、人物共 19 章。正文前附祝西村地理位置图和 2017 年村行政区划图，彩色照片 58 张，正文部分配有图表。

薛洪村志

浦东新区祝桥镇《薛洪村志》编纂委员会 2016 年 12 月编印，主编张永祥。

该志上溯村域成陆，下限为 2014 年底，大事记采用编年体，记述了薛洪村 5.5 平方公里区域内的历史变迁和人文地理。

全志由总述、大事记、正文组成。总述、大事记列于志首，正文分为自然环境、建制、人口、政党、政权、群众和社会团体、治安民兵、种植业、养殖业、水利、工业、商业服务业、乡村建设、教育、文化、体育、医疗卫生、社会生活社会事业、民俗方言、人物共 20 章。正文前附薛洪村地理位置图和 1995 年村域示意图，彩色照片 62 张，正文部分配有图表。

亭中村志

浦东新区祝桥镇《亭中村志》编纂委员会2016年8月编印，主编傅裕昌。

该志上溯村域成陆，下限为2014年12月，大事记采用编年体，记述了亭中村4平方公里区域内的历史变迁和重大事件。

全志由总述、大事记、正文组成。总述、大事记列于志首，正文分为自然地理、建制、人口、政党、政权、群众和社会团体、民兵驻军治安兵役、种植业、养殖业、工业手工业、商贸、乡村建设、教育、文化体育、医疗卫生、社会事业、村民生活、民俗方言、人物共19章。正文前附亭中村地理位置图和2015年村行政区划图，彩色照片69张，正文部分配有图表。

星火村志

浦东新区祝桥镇《星火村志》编纂委员会2018年10月编印，主编王洪祥。

该志上溯村域成陆，下限为2018年8月，大事记采用编年体，记述了星火村2.84平方公里区域内的历史变迁和人文地理。

全志由总述、大事记、正文、专记和附录组成。总述、大事记列于志首，正文分为地理环境、建制、人口、政党、政权、群众团体、民兵兵役治安、种植业、养殖业、工商业、乡村建设、教育文化、医疗卫生、社会事业、民俗风情、村民生活、人物共17章。正文前附星火村地理位置图和村域示意图，彩色照片48张，正文部分配有图表。

东立新村志

浦东新区祝桥镇《东立新村志》编纂委员会 2019 年 4 月编印，主编唐玲娣。

该志上溯村域成陆，下限为 2016 年底，大事记采用编年体，记述了东立新村 1.06 平方公里区域内的历史变迁和人文地理。

全志由总述、大事记、正文和附录组成。总述、大事记列于志首，正文分为地理环境、建制、人口、政党、政权、团体、民兵治安兵役、种植业、养殖业、工业、教育卫生、文化体育、乡村建设、社会生活、精神文明建设、民俗风情、人物共 17 章。正文前附东立新村地理位置图和村域示意图，彩色照片 48 张，正文部分配有图表。

新如村志

浦东新区祝桥镇《新如村志》编纂委员会 2021 年 9 月编印，主编邱慕彬。

该志上溯村域成陆，下限为 2019 年，部分照片适当延伸至 2021 年，大事记采用编年体，记述了新如村 3.2 平方公里区域内的历史变迁和人文地理。

全志由总述、大事记、正文和附录组成。总述、大事记列于志首，正文分为自然环境、气候与灾害、建制、人口、政党群团、村自治组织、兵役民兵治安、种植业、养殖业渔业、工商业、乡村建设、村民生活、医疗卫生、宗教信仰、民俗风情、文化、教育体育、精神文明建设、人物共 19 章。正文前附新如村地理位置图和村域示意图，彩色照片 53 张，正文部分配有图表。

共和村志

浦东新区祝桥镇《共和村志》编纂委员会 2020 年 5 月编印，主编陈洪新。

该志是共和村有史以来的第一部志书，上溯村域成陆，下限为 2017 年 12 月，部分内容延伸至 2019 年，大事记以编年体为主，辅以纪事本末体，记述了共和村 1.2 平方公里区域内的历史变迁和人文地理，村域范围以外与本村有关的事件也作适当记载。

全志由总述、大事记、正文组成。总述、大事记列于志首，正文分为地理环境、建制、人口、中共基层组织、村级机构、群众和社会团体、民兵治安兵役、种植业、养殖业、工商服务业、水利、乡村建设、村民生活、教育卫生、文化体育、精神文明建设、民俗风情、要闻轶事、人物共 19 章。正文前附共和村地理位置图和村域示意图，彩色照片 94 张，正文部分配有图表。

小圩村志

浦东新区祝桥镇《小圩村志》编纂委员会 2017 年 12 月编印，主编顾文龙。

该志上溯村域成陆，下限为 2015 年底，大事记采用编年体，记述了小圩村 0.96 平方公里区域内的历史变迁和人文地理。

全志由总述、大事记、正文组成。总述、大事记列于志首，正文分为地理环境、建制、人口、政党群团、村自治组织、社会生活、种植业、养殖业、工商服务业、教育卫生、文化体育、精神文明建设、民俗风情、人物共 14 章。正文前附小圩村地理位置图和村域示意图，彩色照片 37 张，正文部分配有图表。

□ 金星村志

浦东新区祝桥镇《金星村志》编纂委员会2014年3月编印，主编叶竹青。

该志上溯村域成陆，下限为2013年底，大事记采用编年体，记述了金星村2.77平方公里区域内的历史变迁和人文地理。

全志由总述、大事记、正文和专记组成。总述、大事记列于志首，正文分为自然地理、建制、人口、政党、政权、群众和社会团体、民兵治安、种植业、副业、工业、商贸、乡村建设、教育、文化、体育、医疗卫生、社会事业社会生活、风情俗语、人物共19章。正文前附金星村地理位置图、2000年村域示意图和2013年村水陆交通图，彩色照片46张，正文部分配有图表。

□ 立新村史

浦东新区祝桥镇《立新村史》编纂室2012年4月编印，主编叶竹青。

本书记事上限随史实上溯，下限为2010年底，个别事件适当延伸，大事记采用编年体，记述了立新村3.64平方公里区域内的历史变迁和人文地理。

全书由概述、大事记、正文组成。概述、大事记列于全书之首，正文分为自然地理、建置、人口、政党、政权、群众社会团体、民兵治安、农业、副业、工业、商业、乡村建设、教育、文化、体育、社会事业社会生活、风俗人情、宗教信仰、人物、专记共20章。正文前附立新村示意图，彩色照片47张，正文部分配有图表。

沿南村志

浦东新区康桥镇《沿南村志》编纂委员会 2017 年 9 月编印，主编姚金根。

该志上限随史实上溯发端，下限为 2015 年 12 月，大事记以编年体为主，辅以纪事本末体。在概略追溯沿南村自唐代成陆以来历史沿革的基础上，以翔实的资料着重对新中国成立以来村域内的政治、经济、文化和人民生活等各方面发生的历史性变化进行系统的记述。

全志由总述、大事记、正文组成。总述、大事记列于志首，正文分为建制人口、土地、种植业、养殖业、工业手工业、商贸财税金融、文化、教育卫生、兵役民兵、乡村建设、民风民俗、村民生活、人物共 13 章。正文前附沿南村地理位置图和村域示意图，彩色照片 75 张，正文部分配有图表。

沔青村志

浦东新区康桥镇《沔青村志》编纂委员会 2021 年 8 月编印，主编奚振华。

该志是沔青村的第一部村志，上溯村域成陆，下限为 2015 年底，部分内容适当延伸，大事记采用编年体。全志略古详今，记述了沔青村的历史文化、自然地理、民俗风情、物产、经济等各个方面的内容。

全志由总述、大事记、正文、专记和附录组成。总述、大事记列于志首，正文分为地理环境、建制、人口、政党群团、村自治组织、社会生活、种植业、养殖业、工商服务业、金融财税公用事业、教育卫生、文化体育、精神文明建设、民俗风情、人物共 15 章。正文前附沔青村地理位置图和村域示意图，彩色照片 65 张，正文部分配有图表。

火箭村志

浦东新区康桥镇《火箭村志》编纂委员会2021年8月编印,主编顾生章。

该志上限随史实上溯发端,下限为2019年12月,大事记以编年体为主,辅以纪事本末体,记述了火箭村1.3平方公里内的历史发展,村域范围以外与本村有所关联的事件也作适当记载。

全志由总述、大事记、正文、专记和附录组成。总述、大事记列于志首,正文分为自然环境、建制、人口、政党群团、村自治组织、社会生活、种植业、养殖业、工商服务业、教育卫生、文化体育、精神文明建设、民俗风情、财税金融、人物共15章。正文前附火箭村地理位置图和村域示意图,彩色照片56张,正文部分配有图表。

勤奋村志

浦东新区合庆镇《勤奋村志》编纂委员会编,方志出版社2018年8月第1版,定价200元。

本志记述了勤奋村的历史和发展现状,上溯事物发端,下至2016年底。根据事件的发展,部分章节适当延伸至2017年初。本志以记述本村的人物和事件为主,与勤奋村有关的村外史料也作必要的记述。本志按章、节、目层次展开叙述,采用志、传、述、记、图、表、录7种载体,以志为主。

本志分自然环境、建制、人口姓氏、中共基层组织、村民委员会、社会团体、武装治安、种植业、养殖业、工商服务业、乡村建设、教育文化、医疗卫生、社会事业、村民生活、民情风俗、人物共17个章节。

杨桥村志

浦东新区北蔡镇《杨桥村志》编纂委员会2018年12月编印。

本志为杨桥村首次编纂地方志,上溯至事物发端,下溯至2016年12月。遵循"略古详今"原则,重点记载中华人民共和国成立后,尤其是改革开放后杨桥村发展轨迹和崭新面貌。

全志设正文14章56节及总述、大事记、附录。正文由环境、村宅、人口、机构、产业、村镇建设、征地动迁、文教卫生、人民生活、风俗语言等组成,运用述、记、志、图、表、录等形式,以志为主体,大事记则采用编年体。按照"横排门类,纵述史实"原则,按章、节、条、目的层次展开叙述。

穆藕初年谱长编(上、下卷)

浦东新区文物保护管理所、上海市浦东新区文史学会编,穆家柳、柳和成、穆伟杰编著,上海交通大学出版社2015年3月第1版,定价350元。

穆藕初(1876—1943),上海浦东人,是民国时期著名的爱国实业家和棉花专家,曾创办德大纱厂、厚生纱厂,参与制订现代工商法规,对近代中国民族工商业发展作出了重大贡献。

本书按年谱长编体例,客观、完整和系统地记录谱主各个时期的社会政治经济活动、学术思想发展、个人情操、社会交往等,书后附参考文献及人名索引。全书取材宏富,考订细密,品评公允,收录珍贵图片100余幅,是迄今研究穆藕初生平最翔实的资料荟萃,对于现代政治史、经济史、教育史、文化史,均有重要的学术价值。

☐ 杜月笙先生年谱（1937 年）

上海市浦东新区文史学会、西云楼杜公馆、福寿园临港陵园 2020 年 6 月编印，主编唐国良。

杜月笙（1888—1951），浦东高桥人，近代上海青帮头目，是一个毁誉参半的人物。本书为杜氏在 1937 年全面抗战爆发这一具有代表性的年份中的纪事，内容采集自国家档案史料、当时的《申报》《新闻报》等报刊，以及公开出版的《穆藕初年谱长编》《王一亭年谱长编》《上海市各界抗敌后援会》等史料，完整翔实地记录了杜月笙在这一年中参与慈善赈灾、调解矛盾、交游名流、抗日救亡等活动的情况，从中可窥见杜氏的思想观点和性格特征。

本书按年谱长编的体例要求，增补引文，或全文，或摘录，让读者更多地了解当时的社会环境及历史原状。

☐ 浦东高桥沈氏族谱资料简编

浦东清溪民间历史研讨会 2012 年 6 月编印。

高桥镇的沈氏家族曾是浦东望族，自宋代扬州太守沈都远始迁至此繁衍、创业以来，勤于耕读，急公好义，家族中人文名士辈出。沈氏家族南迁浦东后的发展与高桥的千年历史紧密相连，也体现了中华民族自强不息的精神。为传承家族文化，浦东清溪民间历史研讨会中的沈氏后人通过广泛收集资料、查证档案和访问前辈，编撰而成此书。

书中内容包括上海沈姓由来、沈氏家族对高桥的开发及贡献、谱世纪传、家祠墓地考证等，对浦东文史起到一定的普及和备忘作用。

鹤沙王氏家谱续编

——上海浦东三林镇乌泥泾庙王氏族谱与家史

王旭清、王建平主编，2015年8月编印。

本书是浦东三林镇乌泥泾庙王氏的族谱与家史续编，历时20年考证编撰而成。

王家的先祖——"三槐王氏"王佑植槐具有深意，希望子孙后代成为国家栋梁。王氏家训倡导勤劳俭朴、尊老爱幼、坚韧奋斗的精神，在今天仍具有教育和激励下一代的作用。

本书分为鹤沙王氏家谱续编、"家谱续编"考证与家史、自传、人物传记、万里征程咏赞歌、大浪淘沙、王建平硬笔书法、老宅绞圈房与周边环境草图、人物照片九个部分。

上海·南汇姚氏族谱

上海南汇姚氏家谱理事会2016年12月编印。

本书是南汇姚氏家族300年来第一次大规模的修谱。姚氏以君仲公为始迁祖，世代继承和发扬德孝文化。本族谱以1900年修建的世系图为依据，凡是君仲公后裔均尽量收录。上衔接1900年修建的世系图，下修至新出生姚氏子孙（凡在印谱前出生者均可入谱），以1900年修建的世系图世序排列。

本书分源流篇、文化篇、世系篇、风采篇、功德篇五个部分。

□ 上海陈行秦氏支谱

　　上海陈行秦氏支谱编辑委员会编，主编秦大固，中西书局2018年5月第1版，定价98元。

　　上海陈行秦氏的始祖是著名的北宋婉约派词人秦观，家族传承千年诗风和家国情怀，涌现出众多文化名人和社会贤达人士。该支谱由《上海陈行秦氏支谱初稿》(1946年版影印本)和《上海陈行秦氏支谱续稿》两部分组成。"初稿"由二十七世孙秦伯未所撰，主要记述了陈行秦氏从其始祖秦观至第三十世永字辈子孙的主要繁衍世系及部分先祖的生平传记；"续稿"由二十八世孙秦大固、秦小康，二十九世孙秦淼等编撰，记录了第二十六世锡字辈子孙至第三十五世孙，时间截止于2017年11月。

　　"初稿"和"续稿"均有世系门、传志门、祠墓门、文献门四卷，其余依内容重点各设特色篇章。

书名索引

0—9

2013年浦东新区区级机关党员风采集　　51

2015年浦东新区镇管社区调研报告汇编　　71

2016年浦东社会治理创新试验基地建设成果汇编　　72

2016年上海市浦东新区统计分析选编　　14

2017浦东新区社会治理创新成果汇编　　71

2018年度洋泾街道实事工程项目巡礼　　40

2018年浦东社会治理创新媒体宣传报道汇编　　67

2021年浦东新区基层社会治理调研报告汇编　　73

2021年上海市浦东新区经济和社会发展报告　　11

B

"百年回眸"老党员风采录——浦东新区老干部庆祝中国共产党成立100周年　　46

百年浦东的红色记忆　　172

扮靓浦东风采录　　36

北窗　南窗　　157

边缘化郊区到现代化城区——以浦东基层社会治理探索为视角　　75

滨海留痕　夕阳漾影：王海连摄影作品集　　158

波涛拍岸　　97

不忘初心：父辈那个年代的故事　　176

C

灿途　120

长风雅集　145

长风·云帆——浦东新区能级提升重点区域风采　12

潮涌东方——浦东开发开放30年　3

陈胡村志　210

赤子的世界：传承傅雷文化　发扬傅雷精神　152

崇通——书法学术文论集　92

初春　8

川沙名胜　192

川沙新镇社区教育丛书　101

创新不止·活力无限——第三届浦东社会建设十大创新项目成果汇编　67

创新·发展——塘桥社区文化活动中心2012年年鉴　102

创新与突破：三林镇经济社会发展分析报告（2011—2012）　20

创造和谐——我最成功的调解案例征文汇编　56

创造社丛书及其他　137

从总书记到外交部长——张闻天　196

璀璨明珠陆家嘴　196

D

答卷——陆家嘴金融城楼宇党建实践与探索　55

大沟村志　214

大团·烽火留痕　197

当年我们是黄楼公社"土记者"　131

党建引领社会力量参与社区治理：基于上海浦东新区的实践探索　61

党务工作手册·案例篇　54

刀尖——浙东劲旅英雄事迹纪略　45

道新村志　217

邓二村志　209

邓三村志　223

邓一村志　222

东岸纪事　154

东岸漫步：黄浦江东岸公共空间贯通开放建设规划　31

东滨村志　219

东立新村志　226

杜维善口述历史　177

杜月笙先生年谱（1937年）　232

多维视野下的浦东新区镇党代会常任制研究　43

F

发现康桥之美——2018主题摄影大赛作品集　155

风从东方来　浪自金桥涌——金桥30年经典案例选编　27

烽火浦东——红色革命故事　163

服务型政党与社会管理创新——"三服务"视角下浦东基层党建创新实证研究　63

傅雷家风家教　97

傅雷家书全编（1954～1966）　94

傅雷启思录　98

傅逊集　140

富强和美　大爱高东——高东镇庆祝新中国成立70周年主题摄影赛优秀作品集　132

G

高桥绝响　98

高桥新时代　179

高山景行：沈敬之先生诞辰120周年纪念集（再版珍藏本）　153

高永村志　216

跟着档案看上海　81

共和村志　227

古镇高桥　180

拐点——周家渡影像2004—2010　133

观澜春秋——"走进观澜一百八十年的故事"之纪念刊　198

果园村志　214

H

海曲激浪——惠南镇先辈风云集　198

海上碑林里的红色记忆　52

汉石经室题跋　137

翰墨颂辉煌——纪念建党九十五周年书画大赛作品集　122

合庆·百年揽胜　181

合庆风情　180

鹤沙千秋　181

鹤沙王氏家谱续编——上海浦东三林镇乌泥泾庙王氏族谱与家史　233

横沔闲人拾趣　136

红旗村志　213

红润——上钢新村街道那些人和事　55

红三村志　218

红色高桥园　131

红色足迹——高行镇党建引领基层治理探索实践　68

红星村志　212

沪上盐乡枕水情——新场古诗词选集　136

沪乡记事　194

华文雅藏　99

黄宝妹传　194

黄体仁集　140

黄炎培教育论著选　107

黄炎培序跋记文书信选辑　152

黄炎培序跋选　99

黄炎培与浦东中学　107

黄炎培撰传选　166

辉祥文库　121

回顾——上海浦东民盟医卫支部25年　54

火箭村志　230

J

激荡百年——中国共产党在浦东图史　52

记忆周浦　133

家在新场　192

坚持高质量发展　助力引领区建设——浦东城建掠影　33

江南古陆·史说上海祝桥（古今史话卷）　199

江南古陆·史说上海祝桥（民歌民谣卷）　199

江南古陆·史说上海祝桥（民间传说卷）　199

江南水乡古镇水岸研究——新场古镇　39

江南水乡古镇——新场　82

金色梧桐　杏坛风范　103

金星村志　228

军魂缘浦东　45

军民村志　221

K

看见·横沔老镇　183

康桥情怀　182

抗战堡垒与红色摇篮——亲历者手记与口述实录　163

抗战中的浦东史料选编　174

科创二十年——"张江高科"1996—2016　28

科创临港　美丽泥城——摄影大赛获奖作品集　134

口述浦东新区改革开放（1978—2018）　3

口述上海：浦东开发开放　9

L

老港镇志（2002—2019）　208

李平书传　185

李平书档案资料选编　177

李平书文集　138

李雯集　145

李中梓集・李中立集・李延昰集　142

历史的足迹　26

历史上的浦东女性　195

立新村史　228

廉诚新语——首届"廉洁・诚信"征文优秀作品汇编　47

廉画新声——"农行杯・你我画廉政"全国漫画大赛优秀作品选　47

灵珰百札：黄炎培与姚维钧情书家信集　153

陆家嘴与上海文化——上海陆氏家族文化研究　94

陆明扬集　144

陆深全集　143

吕摄春秋——吕文明摄影作品集　123

M

媒体看浦东卫生健康　114

美丽三林塘　逐梦新时代——庆祝新中国成立70周年优秀摄影作品集　122

美轮　美奂　157

魅力洋泾：大调研合订本（2018）　19

梦缘陆家嘴（1990—2015）　39

米字唐镇　醉美生活——摄影大赛获奖作品集　132

沔青村志　229

民国版本收藏断想及其他　146

民生纪事——"浦东唐镇杯"散文征文优秀作品选　156

民主革命时期浦东统战史料汇编　53

明星村志　211

穆藕初年谱长编（上、下卷）　231

穆藕初自述　197

N

那一年　我们正青春　164

南渡浙东第一船——书院镇一家人的真实故事　164

南汇工业志　172

南汇红十字志　171

南汇老地名　178

南汇人事志　171

南跄韵——沪东人文历史故事集（一）　146

难忘的浦东城建岁月（1993—2000）　35

泥城史韵　185

泥城样本——大调研可以改变什么　20

逆行天使　战疫先锋——浦东新区卫生健康系统"战疫"撷影　111

P

泮水钟英——上海市洋泾中学文史资料选集　92

浦东碑刻资料选辑（修订本）　91

浦东传统民居研究　110

浦东慈善公益事业发展报告（2021）　73

浦东打造自主创新新高地：现实、愿景及路径　11

浦东党史知识读本　51

浦东党史资料选编（第一辑）　200

浦东道教年鉴（2013—2017）　91

浦东放歌——浦东新区歌词征集优秀作品选　100

浦东非物质文化遗产代表性传承人　103

浦东非遗　90

浦东傅雷研究　109

浦东高桥沈氏族谱资料简编　232

浦东古诗选刊丛书　147

浦东故事（贰）(姊妹兄弟)　128

浦东国际机场规划故事　36

浦东红色革命故事　53

浦东红色书信选　44

浦东红色文化论丛　79

浦东基层社会治理丛书　60

浦东记忆（方言卷）　193

浦东记忆（风情卷） 193

浦东记忆（诗歌卷） 193

浦东记忆（书画卷） 193

浦东记忆（图片卷） 193

浦东家族文化——家祠家谱家训人物著作 88

浦东简史 168

浦东江南文化论丛 79

浦东金融人物访谈录 25

浦东进士举人名录 170

浦东旧影（1972—1989） 80

浦东崛起与长江流域经济发展 24

浦东开发开放30年大事记（1990—2020） 6

浦东开发开放的历程及其精神品格 5

浦东开发开放的时代特征研究 7

浦东开发开放口述资料选编 186

浦东开发开放录 13

浦东开发开放三十周年文献资料汇编 6

浦东开发开放效应与深化：上海探索与实践 7

浦东开发开放研究 9

浦东开发开放研究资料索引（1985—2010） 13

浦东开发开放与国家战略推进的关系 8

浦东抗日战争史料选编 175

浦东口述史料（第六辑） 186

浦东口述史料（第七辑） 186

浦东老宅——用拆迁老建筑构件建造的最大建筑群 38

浦东历史票证图录 80

浦东历史人物著作选丛书 148

浦东历史上的今天 169

浦东律界 58

浦东门厅文化 88

浦东民谣 87

浦东名观　崇福道院　89

浦东年鉴　15

浦东奇迹　4

浦东绕龙灯　84

浦东人家　129

浦东人家：1997—2006十年变迁图志（中英对照）　128

浦东三林镇历代碑刻传记选辑　81

浦东社会发展追记　74

"浦东社会治理领域系列课题研究成果"系列书（2017—2018年）　76

浦东史话三百题　187

浦东史诗　187

浦东史志论稿　188

浦东视野：1978—2018茅正元纪实摄影　129

浦东图书馆年鉴　95

浦东往事　108

浦东文化地图——浦东新区文化设施建设集萃　100

浦东文化遗产：不可移动文物　89

浦东文脉——浦东文艺创作资源概览　100

浦东相册　126

浦东新区成人教育纪实（1990—2010）　104

浦东新区村级组织　18

浦东新区村史　191

浦东新区党代表任期制工作创新案例汇编　43

浦东新区档案业务手册　95

浦东新区基层治理示范社区跟踪培育成果汇编　62

浦东新区加快培育发展社会组织专项调研报告汇编　57

浦东新区路口景观提升　32

浦东新区南汇博物馆馆藏书画集　83

浦东新区区级机关2013年党建工作优秀案例集　51

浦东新区人大庆祝重大纪念日书画摄影作品集　124

浦东新区社会建设课题调研报告汇编（2012—2013年）　75

浦东新区社会治理创新百佳案例汇编　63

浦东新区社区分类治理指导手册　64

浦东新区社区教育丛书　101

浦东新区审判志　56

浦东新区统筹推进疫情防控和经济社会发展"双胜利"攻坚克难案例汇编　10

浦东新区卫生发展报告（2012—2021）　115

浦东新区卫生科技成果汇编　113

浦东新区一镇一品　33

浦东新区宗教场所导览　184

浦东新书录（2002.12—2013.2）　96

浦东新竹枝词　130

浦东英烈（第二辑）抗日战争时期　165

浦东英烈（第三辑）解放战争时期　165

浦东英烈（第一辑）第一次、第二次国内革命战争时期　165

浦东映像　126

浦东早期历史探微集　184

浦东早期留学人员选录（1872—1949）　170

浦东之路・精彩故事：摄影大赛获奖作品集　127

浦东中医史略　115

Q

奇迹——浦东早期开发亲历者说（1990—2000）　4

启幕浦东大未来——浦东新区重点产业区域新闻信息集锦　23

乔珏生集・吴洽集　143

亲历和荣耀——陆家嘴崛起风云录　25

勤奋村志　230

青菜　白菜　157

青少年法治教育漫画绘本丛书　59

情定祖师　营造传承——钱振明先生与浦东鲁班　34

庆祝重大纪念日浦东老干部书画摄影集　125

邱仲英诗文集　105

邱仲英中医集成　　104

权庐诗存　　159

R

让自治成为一种生活方式——充分发挥党组织在基层群众自治中作用案例选编　　65

热土　阳光——浦东新区阳光驿站十年巡礼　　44

人心至上　　200

仁心仁术——浦东中医故事　　112

日月新天——上海解放亲历者说　　165

融汇——浦东新区社会力量参与社区治理优秀案例汇编　　62

S

三八村志　　218

三林历史名人录　　167

三林塘传奇　　179

三林塘·第三届上海民俗文化节文化论坛文集　　84

三林塘南园储昱传　　167

"三林塘·三十年·三十人亲历与见证"摄影艺术展作品集　　123

三林塘时光　　100

森林村志　　215

上海陈行秦氏支谱　　234

上海风俗古迹考　　189

上海历代竹枝词　　149

上海·南汇姚氏族谱　　233

上海浦东经济发展报告　　23

上海浦东社会治理发展报告（2018—2022）　　74

上海浦东市场监管体制改革思考与实践　　70

上海浦东新区统计年鉴　　14

上海浦东新区新一轮在全国推广的创新举措和经验做法案例汇编　　10

上海绒绣　　90

上海史志人物风俗丛稿　　110

上海市南汇区志（2001—2009）　17

上海市浦东新区持续推动立法授权工作调研成果选编（2015—2021）　48

上海市浦东新区地名录　178

上海市浦东新区法制保障工作资料汇编（一）　57

上海市浦东新区建筑节能示范项目汇编　34

上海市浦东新区人大工作研究会调研文集　48

上海市浦东新区志（1993—2009）　16

上海市志·浦东开发开放分志　12

上海洋场竹枝词　149

社会工作督导：选拔、培养、使用、激励——本土化探索的地方性实践　66

社区工作实务手册　68

社区治理智能化：基于上海浦东新区的实践探索　61

申报中的浦东　190

《申报》中的浦东抗战　173

诗咏高桥园　131

十年风雨路：浦东说书保护传承工作纪实　130

"十三五"成果展　32

史海钩沉　信念永存——浦东新区党史档案集萃　173

世象透视——"浦东唐镇杯"杂文征文优秀作品选　156

守正创新——浦东图书馆规划实践重点项目总结报告　85

首届进口博览会环境保障攻坚战纪实　37

书香致远正当时——浦东地区图书馆创新实践风采录　85

瞬间与永恒——黎自立浦东摄影作品集　124

淞沪支队战旗飘　175

宋庆龄论教育　96

宋庆龄图文全传　202

宋庆龄往事　201

宋庆龄往事（续编）　201

宋庆龄与廖仲恺、何香凝一家　202

宋庆龄与路易·艾黎　203

宋氏家族　203

宋氏家族与娘家文化论丛　204
宋耀如生平档案文献汇编　204
岁月履影——曹路民间老照片集萃　158

T

唐祖楔集　144
塘桥年鉴　18
塘桥·岁月印记　205
桃李芬芳——上海南汇中学90周年校庆纪念　93
特色学校创建在浦东的探索　105
特战舰队高歌行进——高行镇党建引领社会治理和法治建设实践选编　69
亭东村志　220
亭中村志　225
同心抗疫　有你有我——周浦医院抗疫图文集锦　112
同心逐梦三十年——浦东新区政协提案故事集锦　49
图林书缘——浦东图书馆同人文集　86
图录浦东抗战　174
图说浦东风俗　87

W

晚年宋庆龄　205
往事浦东②　169
往事浦东　169
望三村志　221
潍坊新村街道年鉴　19
卫东村志　217
卫民村志　223
问道　102
我们的故事——浦东开发开放30周年征文集　125
吴省钦集　139
五十浦东人的民国版本　195

X

先进村志　210

像绣花一样精细——城市治理的浦东实践　5

小圩村志　227

校刊史记集解索隐正义札记　206

心韵　120

新场古镇历史文化名镇的保护与传承　40

新场历史文献丛刊　150

新东村志　216

新和村志　215

新如村志　226

新生村志　209

新时代　新气象　新作为——浦东新区泥城镇宣传报道集萃（2017.1～2018.3）　35

新营村志　212

星光村志　213

星火村志　225

星星添风采：浦东新区星级河道风貌掠影　37

行走浦东——历史人文寻踪散记　119

兄弟行——从浦东到浙东　206

修德·善学——上海市浦东新区第二中心小学建校130周年　93

薛洪村志　224

学做智慧型校长　106

血战大鱼山英雄群体　176

Y

炎培中国画院作品集　159

沿南村志　229

杨培生画传　166

杨桥村志　231

"洋泾港"——洋泾航运与中国古船文化　109

遥望钟楼　189

叶映榴集　　141
一支部一特色　一所一品牌——浦东市场监管的党建引领基层治理创新探索　　70
"医"心向党，奋进有我——浦东新区卫生健康系统"献礼二十大"党建工作成果集　　111
义泓村志　　220
意味故事——"浦东唐镇杯"意味故事征文优秀作品选　　156
印象川沙　　155
迎潮而立——外高桥30年回忆录　　26
营前村志　　219
永恒的思念——李中和烈士纪念册　　207
悠悠浦东情　　121
悦读塘桥　　182
云影清水湾——浦东新区骨干河道整治成果掠影　　38

Z

在灿烂阳光下——"唐镇杯"散文征文优秀作品选　　134
在这片热土上：浦东开发开放30年诗选　　127
造梦·怀梦·逐梦——浦东"最美书香人"风采录　　154
张江十年2003—2013　　28
张闻天画传　　207
张闻天社会主义论稿　　49
张闻天思想研究　　46
张闻天与中国外交　　50
张闻天早期文集（1919.7—1925.6）　　50
张志鹤文选　　138
这潮那汐——浦东江海文化集　　108
志光永辉：抗日烈士陈志光纪念册　　199
治理与提升：三林镇加强和创新社会管理课题调研成果集（2015）　　69
中共上海市浦东新区历史实录2011—2016　　191
中共上海市浦东新区历史实录2016—2021　　191
中国传奇：从特区到自贸区　　24
中国传奇：浦东开发史　　188

书名索引　249

中国民间故事丛书·上海·南汇卷　119

中国民间故事丛书·上海·浦东新区卷　119

中国（上海）自由贸易区航运开发开放和改革创新五周年情况报告　27

中圩村志　222

周金然集　139

周浦历史文献丛刊　151

周浦美术馆2016年鉴　83

周浦小志　183

朱豹集·石英中集·朱察卿集　141

祝东村志　211

祝桥当代戏剧曲艺创作集　135

祝桥哭歌　106

祝西村志　224

追梦中国　幸福唐镇　135

走进内史第　208

坐在春天里——我与浦东图书馆的专属记忆　86

后　记

2002 年，我们曾推出《浦东新书录》，辑录1980年到2001年有关浦东的各类书籍资料，从图书文献的层面，借众多作者的视角，呈现浦东开发建设历程和社会生活面貌。

2013 年，我们接续 2002 年《浦东新书录》一书，通过汇集 10 年来有关浦东的各类书籍资料，全景式展现浦东地域发生的深刻变化和浦东人海纳百川、开拓进取的精神风貌，为浦东文化建设和浦东研究积累素材。

2023 年，我们再次汇集近 10 年有关浦东的各类书籍资料，旨在为社会各界认识提供一条快速、全面了解浦东历史和现状的途径，激发浦东人在新时期社会主义现代化建设引领区中的最大热情。

在我们看来，整理为期 10 年浦东地情特色的新书，也是丰富浦东记忆的过程。在本书编辑过程中，我们感谢作者们的浦东情怀，珍惜这些作品的得之不易，也尽最大努力去搜集并予以展示，但限于信息、渠道等因素，仍未能网罗所有，今后将努力弥补充实。

图书在版编目(CIP)数据

浦东新书录 . 2012.10—2022.12 / 上海市浦东新区档案馆编 .— 上海：上海社会科学院出版社，2024
ISBN 978-7-5520-4285-6

Ⅰ. ①浦⋯ Ⅱ. ①上⋯ Ⅲ. ①地方出版物—图书目录—浦东新区—2012-2022 Ⅳ. ①Z812.251.3

中国国家版本馆CIP数据核字(2023)第244084号

浦东新书录(2012.10—2022.12)

编　　者：	上海市浦东新区档案馆
责任编辑：	邱爱园
封面设计：	裘幼华
出版发行：	上海社会科学院出版社
	上海顺昌路622号　邮编200025
	电话总机 021-63315947　销售热线 021-53063735
	https://cbs.sass.org.cn　E-mail：sassp@sassp.cn
照　　排：	南京理工出版信息技术有限公司
印　　刷：	上海颛辉印刷厂有限公司
开　　本：	710毫米×1010毫米　1/16
印　　张：	17.25
插　　页：	1
字　　数：	355千
版　　次：	2024年4月第1版　2024年4月第1次印刷

ISBN 978-7-5520-4285-6/Z·086　　　　　　　　　　定价：88.00元

版权所有　翻印必究